WILLIAM MBULUKU MUZINGA

ETUDES SUR L'EVANGILE DE LUC, L'EPITRE AUX HEBREUX ET L'APOCLYPSE

WILLIAM MBULUKU MUZINGA

ETUDES SUR L'EVANGILE DE LUC, L'EPITRE AUX HEBREUX ET L'APOCLYPSE

Une réflexion engagée

Éditions Croix du Salut

Imprint
Any brand names and product names mentioned in this book are subject to trademark, brand or patent protection and are trademarks or registered trademarks of their respective holders. The use of brand names, product names, common names, trade names, product descriptions etc. even without a particular marking in this work is in no way to be construed to mean that such names may be regarded as unrestricted in respect of trademark and brand protection legislation and could thus be used by anyone.

Cover image: www.ingimage.com

Publisher:
Éditions Croix du Salut
is a trademark of
Dodo Books Indian Ocean Ltd., member of the OmniScriptum S.R.L Publishing group
str. A.Russo 15, of. 61, Chisinau-2068, Republic of Moldova Europe
Printed at: see last page
ISBN: 978-620-3-84207-4

ETUDES SUR L'EVANGILE DE LUC, L'EPITRE AUX HEBREUX ET L'APOCLYPSE

Une réflexion engagée

Editeur :
William MBULUKU MUZINGA

AVANT PROPOS

Ce livet est une collection d'études bibliques sur quelques aspects de l'Evangile de Luc, l'Epître aux Hébreux et l'apocalypse de Jean. Les sujet choisis sont indépendants les uns les autres. Il ne s'agira pas ici d'étudier un sujet particulier qui traverserait les trois livres néotestamentaires dont l'Evangile de Luc, l'Epitre aux Hébreux et l'Apocalypse de Jean. Cela est loin de rencontrer les préoccupations des auteurs et de l'éditeur. Cependant, il y a lieu que le lecteur trouve en dehors d'un sujet commun une similitude liée notamment à la méthodologie.

Les thèmes abordés dans ce livre sont : l'expression "amis des collecteurs d'impôts et des pécheurs " dans l'Evangile de Luc (William Mbuluku), Zachée : Collecteur d'impôts en chef et « fils d'Abraham » (Luc 19. 9) (William Mbuluku). Hébreux 1.1-4 : identification des paroles divines. Apport de la fonction rhétorique d'intégralité (Kuzundelu Bama) et enfin le titre δοῦλος θεοῦ et la communauté de foi dans l'apocalypse johannique (Kayumba Musalo).

Ces études présentées par les trois enseignants du Nouveau Testament s'efforcent à expliquer ce que l'auteur du Nouveau Testament voulait dire et ce que les premiers auditeurs auraient compris. On y trouvera également des principes théologiques applicables à l'église aujourd'hui. Chaque article est précédé d'un bref résumé. Pour aller plus loin, une bibliographie reprenant les sources utilisées figure à la fin de chaque article.

L'éditeur

ETUDE DE L'EXPRESSION "AMIS DES COLLECTEURS D'IMPOTS ET DES PECHEURS " DANS L'EVANGILE DE LUC

PAR
William MBULUKU MUZINGA.
wmbul.m@gmail.com

RESUME

L'expression "ami des collecteurs d'impôts et pécheurs "fait partie des accusations portées contre Jésus par les Juifs de la Galilée (Lc 7,34). Elle reflète leur incrédulité à l'égard de son message.

L'analyse des termes « ami » et « collecteurs d'impôts et pécheurs » dans l'Evangile de Luc a révélé que Jésus s'était attablé avec les collecteurs d'impôts, il leur réserva un accueil chaleureux, il logea chez Zachée, l'un d'entre eux. Pour ce faire, il était réellement leur ami. Cette épithète a une importance Christologique. Elle révèle la nature humaine de Jésus. Sur le plan sotériologique, l'expression illustre l'universalité du salut non-exclusif en Jésus.

Introduction

Cette étude est une contribution à la compréhension de l'expression «φίλος τελωνῶν καὶ ἁμαρτωλῶν, ami des collecteurs d'impôts et des pécheurs» rencontrée dans l'Evangile de Lc 7,34.

Les questions qui orienteront nos recherches se présentent comme suit : Quelle était la signification de l'expression φίλος τελωνῶν καὶ ἁμαρτωλῶν pour les auditeurs de Luc? Quelles en sont les implications christologique et sotériologique de dans la théologie de l'Evangile de Luc ?

La réponse à ces interrogations suivra une approche comprenant cinq sections. La première consistera à l'étude du contexte dans lequel l'expression a été employée dans l'Evangile de Luc. Ensuite, nous aborderons l'étude sémantique du concept «φίλος, ami» dans l'Evangile de Luc. La troisième partie étudiera l'expression « collecteurs d'impôts et pécheurs ». La quatrième section traitera sous forme de synthèse l'expression « ami des collecteurs d'impôts et pécheurs » dans Luc. La dernière section sera consacrée aux implications sotériologiques et christologiques de cette expression, dans le troisième Evangile.

1. CONTEXTE L'EXPRESSION « AMI DES COLLECTEURS D'IMPOTS ET DES PECHEURS » DANS L'EVANGILE DE LUC

1. 1. Contexte narratif de l'expression

L'expression « φίλος τελωνῶν καὶ ἁμαρτωλῶν, ami des collecteurs d'impôts et des pécheurs » se trouve dans le discours de Jésus, lorsqu'il s'adressait à la foule à Capernaüm. Par cette expression, Jésus rapportait l'accusation portée contre lui par ses compatriotes. Dans le Nouveau Testament, l'expression est reprise aussi bien par Matthieu que par Luc (Mt 11,19 // Lc 7,34).

Elle peut mieux se comprendre en rapport avec le récit de Lévi qui le précède (Lc 5,27-32). Ce récit commun aux Evangiles synoptiques renseigne que Jésus appela un collecteur d'impôts nommé Lévi, au nombre de ses disciples qui, dans une certaine mesure étaient ses amis. Plus tard, il prit part que ce banquet que le collecteur d'impôts donna en son honneur et dans sa maison. A ce grand banquet de Lévi étaient conviés aussi plusieurs autres collecteurs d'impôts anonymes. Cette pratique occasionna la désapprobation des Pharisiens et leurs Scribes.

Ces habitudes alimentaires de Jésus contrastaient avec celles de Jean Baptiste. Celui-ci était aussi connu par sa vie ascétique. Il ne mangeait pas de pain et ne buvait pas de vin. Selon Marc, sa nourriture était constituée des sauterelles et de miel sauvage (Mc 1,6). Jean Baptiste avait parlé aux foules, aux soldats et aux collecteurs d'impôts (Lc 3,12.13). Cependant, il n'avait mangé et bu ni avec les Pharisiens, ni avec les collecteurs d'impôts.

Matthieu et Luc rapportent que la pratique de Jésus lui a valu deux épithètes. La première est celle de « gourmand et ivrogne, ἄνθρωπος φάγος καὶ οἰνοπότης». La seconde, celle qui nous intéresse dans cette étude, est celle qui le désigne comme « l'ami des

collecteurs d'impôts et pécheurs, φίλος τελωνῶν καὶ ἁμαρτωλῶν»
(Mt 11,19 // Lc 7,34). Cette dernière épithète prend la forme d'un
reproche. Elle a été formulée à son encontre par ceux que Jésus a
désigné comme «les hommes de cette génération, οἱ ἄνθρωποι τῆς
γενεᾶς ταύτη»(Lc 7,31). Cette expression est fréquente chez Luc
(Lc 9,41 ; 11,29-32,50-51 ; 17,25). Dans ce texte, elle fait référence
aux Galiléens, contemporains de Jésus et de Jean Baptiste Ceux-ci
démontraient par ces qualifications, leur incrédulité à l'égard du
message de Jean et à celui de Jésus.[1]

1. 2. La fréquence de l'expression « ami des collecteurs d'impôts et des pécheurs » dans le NT

Dans le NT, cette expression n'est présente que dans les
Evangiles de Matthieu et Luc. Pour mieux appréhender sa fréquence,
il convient de la présenter dans un tableau synoptique. Celui-ci présente séparément le terme «φίλος» d'une partie «τελωνῶν καὶ
ἁμαρτωλῶν» d'autre part. Ce dernier terme est compris comme un
mot composé construit avec la conjonction de coordination «καὶ,
et».

Tableau synoptique de l'expression

Evangiles synoptiques	φίλος	τελωνῶν καὶ ἁμαρτωλῶν
Mc	0	2
Mt	1	3
Lc	15	3

Il se dégage de ce tableau que le concept φίλος est absent
chez Marc. Cependant, l'expression «τελωνῶν καὶ ἁμαρτωλῶν» y
est présent et revient à deux reprises (Mc 2,15. 16). Dans l'Evangile
de Matthieu, le terme φίλος n'est employé qu'une seule fois contre
15 dans l'Evangile de Luc. Quant au terme composé, il est employé
trois fois aussi bien par Matthieu (Mt 9,10 ; 11,19; 18,17) que par
Luc (Lc 5,30 ; 7,34;15,1), dont une fois dans l'expression φίλος

---

[1] Joseph A. FITZMYER, *The Gospel According to Luke (1-IX)*. (The Achor Bible), New York, The Achor Bible Doubleday, 1981, 676.

τελωνῶν καὶ ἁμαρτωλῶν (Mt 11,19 // Lc 7,34). Il se dégage en définitive que Luc a tendance à s'intéresser plus au terme φίλος que les autres Evangiles. Ce terme est employé 26 fois dans le NT, cependant, plus de la moitié, soit 15, fois se trouvent dans l'Evangile de Luc.

2. CHAMP SEMANTIQUE DU TERME « φίλος» DANS L'EVANGILE DE LUC

Cette section se propose de trouver le sens que Luc a donné au terme «φίλος» dans son troisième Evangile. Pour y parvenir, il sied que nous puissions parcourir au préalable l'ensemble des textes où ce terme est employé.

2. 1. Un ami est celui qui porte secours et qui accueille (Lc 11,6. 8)

La parabole que Jésus adresse à ses disciples dans le cadre de la prière peut aussi instruire sur le sens à donner au terme « ami ». En effet, ce terme est l'un de plus important dans la parabole, quand on le considère sa fréquence car, il revient à 4 reprise (Lc 11,5.6.8). Il se dégage dans le discours de Jésus que l'ami est celui qui peut prêter. C'est aussi celui auprès de qui on peut chercher le secours, même à une heure tardive de la nuit. Le texte renseigne également que l'ami peut être celui qui accueil, un hôte auprès de qui un ami peut solliciter l'hospitalité (Lc 11,5.8).

2. 2. Le disciple est un ami de Jésus (Lc 12,4)

Dans Lc 12,4, Jésus avait identifié ses disciples comme étant ses amis. Dans les Evangiles synoptiques, c'est le seul endroit où ils sont ainsi identifiés. En effet, il s'agissait de ces disciples qui ont été choisis par lui et qui ont répondu favorablement à son appel. Ceux-ci le précédaient dans les lieux où lui-même devait se rendre (Lc 10,1,2). Ils étaient convaincus de ses enseignements et ne devaient pas prêter leurs oreilles aux enseignements étrangers, professés par les Pharisiens (Lc 12,1.2). Jésus les reconnaissait comme ceux qui lui étaient très proches. Les disciples lui faisaient confiance et lui témoignaient de leur loyauté. Pour Jésus, l'ami est un disciple, celui qui écoute ses enseignements et qui le suit. A cause de son attachement à Jésus, le disciple comme ami de Jésus est exposé à la haine de ses proches, et de ses amis (Lc 21,16).

2. 3. Un ami est celui avec qui on partage le repas (Lc 14,10,12-14)

Dans la Parabole que Jésus donne chez un Pharisien, le terme «φίλος» est repris deux fois. Dans chaque cas, il fait référence à une personne qui est invitée au banquet par le maître du banquet, ὁ κἐ κληκώς (Lc 14,10.12). Dans le premier cas, l'invité est identifié comme étant l'ami, φίλος du maître. Il est placé sur une place d'honneur (Lc 14,10). Dans le deuxième, Jésus avait instruit sur les personnes à inviter et à ne pas inviter ai banquet. Parmi ceux qu'il ne recommande pas à l'invitation pour éviter la réciprocité, figure les amis (Lc 14,12). Il se dégage de cette parabole de Jésus que l'ami est celui avec qui on partageait la table.

2. 4. Un ami est celui avec qui on peut se réjouir (Lc 15, 6. 9.29)

Le chapitre quinzième de l'Evangile de Luc est dominé par la série des paraboles de Jésus. Elles donnent la possibilité d'admettre qu'un ami est celui avec qui on peut partager les occasions de joie (Lc 15,6.9.29).

Dans Lc 15,6, Jésus a présenté la parabole d'un berger qui perdit une brebis sur une centaine des têtes dont il disposait dans son troupeau. La recherche de la brebis perdue s'avéra fructueuse. La découverte de la brebis donna lieu à une occasion de joie. Cette réjouissance arriva à son comble lorsque le berger, invita ses amis, φίλοι pour partager avec lui ce moment festif (Lc 15,6).

Par ailleurs, l'association des amis à une réjouissance est évoquée également dans d'autres occasions. Une autre parabole de Jésus rapporte la joie d'une femme qui a retrouvé une pièce d'argent qu'elle avait égarée dans sa maison. Cette pièce représentait une certaine valeur pour elle, vu les efforts et les moyens engagées pour la retrouver. Sa joie débordante a été partagée aussi bien avec ses amies et ses voisines, φίλας καὶ γείτονας, lorsqu'elle retrouva l'argent (Lc 15,9).

Dans le même contexte, la participation des amis, φίλοι à la joie est aussi attestée dans la parabole de l'enfant prodigue. A ce sujet, le texte souligne que le retour de l'enfant qui avait dilapidé une part de sa richesse donna lieu à un moment de joie. En effet, son père qui l'attendait avec impatience organisa à l'occasion de son retour une grande réception en présence des plusieurs invités. Son frère ainé qui est resté fidèle à son père assista à la scène avec déplaisir. Il ne se fit pas prier pour exprimer sa grande désolation auprès de son père.

Dans son discours, il estimait que bien qu'il n'ait jamais transgressé les instructions de son père, celui-ci n'avait jamais pensé mettre à sa disposition un seul chevreau qui lui aurait permis de se réjouir, non pas seul mais avec ses amis, φίλοι (Lc 15,29). Ces amis sont ceux qui partageaient les mêmes valeurs avec le fils ainé. Ils pourraient être des personnes responsables et respectueuses.[2] Dans cette parabole encore, Jésus souligne le rôle des amis dans les occasions de réjouissance. Il se dégage en définitive que les amis étaient de ceux qui étaient toujours associés aux autres pour partager leurs moments festifs.

2. 5. Une amitié fondée sur des bases coupables (Lc 23,12)

La relation d'amitié dans l'Evangile ne se noue pas seulement sur des bases positives. Il est rapporté des cas ou l'amitié repose sur un fondement coupable. Dans Lc 23,12, il est rapporté une amitié qui s'était nouée entre Hérode Antipas, le tétrarque de la Galilée, et Pilate, le gouverneur de la Judée. Luc rapporte qu'ils étaient des ennemis de longue date (Lc 23,12). Les raisons d'une telle amitié ne sont pas fournies dans le texte. Il est probable qu'elle soit basée sur des intérêts politiques et dénué de sentiments d'affection et d'intimité comme c'était souvent les cas parmi les élites romaines. [3] Il est possible, à la lumière du contexte, que leur amitié ait pour mo-

---

[2] Leon MORRIS, *Luke: An Introduction and Commentary* (T NTC), Grand Rapids, Eerdmans, 1988, 267. Voir aussi Howard I. MARSHALL, *The Gospel of Luke: A Commentary on the Greek Text* (NIGTC), Grand Rapids, Eerdmans, 1979, 612.

[3] Craig S. KEENER, « Friendship », dans: *DNTB,* 2000, 380-388, 381.

bile essentiel la condamnation Jésus. La prière des croyants évoquée dans les Actes des Apôtres semble l'attester (Ac 4,27).[4]

Au terme de cette analyse du terme du le terme φίλος dans l'Evangile de Luc, il y a lieu de considérer les sens suivants : (1) celui qui se sacrifie pour l'autre et qui lui apporte secours. Celui qui accueil et qui peut être accueilli ; (2) un ami est celui avec qui on peut partager la table ; (3) un ami est celui avec qui on peut partager sa joie ; (4) un ami de Jésus est celui qui est considéré comme son disciple. Dans ce contexte, il a été surtout observé que Jésus s'était désigné lui-même comme étant l'ami de ses disciples ; (5) enfin Luc parle d'ami dans le cas d'une association circonstancielle entre ennemi pour un intérêt commun. Cette description permet d'admettre que le terme « ami » exprime cette relation intime de partage et de communion avec les autres. Par ce propos, Luc semble rejoindre la conception gréco-romaine de l'amitié.[5]

3. ETUDE DE L'EXPRESSION « τελῶναι καὶ ἁμαρτῶλοι » DANS L'EVANGILE DE LUC

La présente section s'intéresse à l'étude de l'expression τελῶναι καὶ ἁμαρτῶλοι, collecteurs d'impôts et pécheurs, dans l'évangile de Luc. Dans chacun des cas à étudier, nous chercheront à répondre à trois questions essentielles : De qui émane l'expression et à qui est-elle destinée ? Pourquoi est-elle prononcée ? Enfin, quelles sont les effets produits par l'expression ? Les textes seront étudies dans l'ordre suivant : Lc 5,27 ; 15,1.2 et 19,7.[6] Le texte de Lc 7,34

---

[4] F. BASSIN, *L'Evangile selon Luc*, Tome 3, Vaux-sur-Seine, Edifac, 2015, 170.

[5] Joseph B. MODICA, "Jesus as Glutton and Drunkard: The Excesses of Jesus," dans: Scot Mc KNIGHT et Joseph B. MODICA (éd.), *Who Do My Opponents Say That I Am? An Investigation of the Accusations Against the Historical Jesus* (Library of Historical Jesus), New York, T. & T. Clark, 2008, 50-70, 70. Voir aussi H. MARSHALL, *The Gospel of Luke*, 513.

[6] L'expression "collecteurs d'impôts et pécheurs » dans cette forme est absente dans Lc 19,7. Cependant, il exprime la même réalité. Cette position est soutenue par FITZMYER, qui voit dans ce texte une juxtaposition implicite des « collecteurs d'impôts » aux « pécheurs ». Voir J. FITZMYER, *The Gospel According to Luke I-IX*, 591. Dans Matthieu, les collecteurs d'impôts sont

faire l'objet d'une étude particulière pour la simple raison qu'elle est la seule dans l'Evangile qui restitue l'expression « ami des collecteurs d'impôts et pécheurs ». Elle agira comme la synthèse de l'étude.

3. 1. L'expression τελῶναι καὶ ἁμαρτῶλοι dans Lc 5,30// Mc 2,15.16

3.1.1. Contexte

Le récit de Lc 5,27-32 concerne l'appel que Jésus fit à Lévi, qui est présenté comme un collecteur d'impôts, assis dans son bureau de péage à Capernaoum. Après qu'il a reçu le message, il abandonna tout, se leva et le suivit. Plus tard, Lévi offrit son hospitalité à Jésus. Il organisa en son honneur et dans sa maison, un grand banquet auquel participèrent les disciples et plusieurs collecteurs d'impôts et les autres. Ce banquet suscita la réaction négative des Pharisiens et leurs Scribes. En réponse, Jésus profita de l'occasion pour clarifier le but de mission (Lc 5,27-32). L'expression «collecteurs d'impôts et pécheurs» figure dans une question posée par les Pharisiens et leurs Scribes.

Mc 2,16	Lc 5,30
καὶ οἱ γραμματεῖς τῶν Φαρισαίων ἰδόντες ὅτι ἐσθίει μετὰ **τῶν ἁμαρτωλῶν καὶ τελωνῶν** ἔλεγον τοῖς μαθηταῖς αὐτοῦ, Ὅτι μετὰ **τῶν τελωνῶν καὶ ἁμαρτωλῶν** ἐσθίει;	καὶ ἐγόγγυζον οἱ Φαρισαῖοι καὶ οἱ γραμματεῖς αὐτῶν πρὸς τοὺς μαθητὰς αὐτοῦ λέγοντες, Διὰ τί μετὰ **τῶν τελωνῶν καὶ ἁμαρτωλῶν** ἐσθίετε καὶ πίνετε;

L'observation de ces deux textes permet de dégager des ressemblances et des dissemblances. Parmi les dissemblances, on peut considérer les aspects suivants : Chez Marc, les Pharisiens et leurs Scribes ont vu Jésus manger avant qu'ils ne s'adressèrent à ses disciples. Luc semble avoir négligé cet aspect. Par contre, il souligne

---

associés aux voleurs, meurtriers et adultères (Mt 18,11) ; aux pains (Mt 18.17) et aux prostitués (Mt 21,32).

que les Pharisiens murmuraient alors qu'ils s'adressaient à ses disciples. Cette précision est absente chez Marc. Un autre élément divergeant est que, chez Marc, c'était Jésus seul qui mangeait, ἐσθίει. Il se voit que Marc place un accent sur l'action de Jésus.

Luc pour sa part donne la précision selon laquelle les disciples de Jésus étaient impliqués dans cet acte, ἐσθίετε καὶ πίνετε. Il se dégage aussi de cette brève comparaison que pour Marc, Jésus avait seulement mangé. Il ne fait pas mention du « boire ». Luc par contre précise que Jésus et les autres convives avaient non seulement bien mangé mais ont aussi bu, ἐσθίετε καὶ πίνετε. Luc semble minutieux et précis dans la description des faits.

Concernant les similitudes, il se dégage que les deux Evangiles reconnaissent la présence des Pharisiens et leurs Scribes dans le récit. Les Scribes évoqués dans les deux textes sont présentés comme dépendants des Pharisiens. En outre, les deux Evangiles admettent la présence de Lévi et des autres collecteurs d'impôts et les pécheurs.

Toutefois, il convient de considérer que l'expression « τῶν τελωνῶν καὶ ἁμαρτωλῶν » se présente sous deux formes renversées dans le même verset de Marc. On se rendra à l'évidence que dans la première, τῶν ἁμαρτωλῶν précède τελωνῶν. La deuxième forme se présente dans l'ordre contraire. Il s'avère à cet effet que pour Marc, ces deux formes sont interchangeables tant ils font référence aux mêmes individus.

3.1.2. La spécificité de l'accusation

La réaction dans ce passage émane des Pharisiens et leurs Scribes venus de tous les villages de la Galilée, de la Judée et de Jérusalem. (Lc 5,17). Dans ce passage cette réaction est en rapport avec une habitude constatée chez Jésus et sa suite, par rapport à la non observation de la loi règlementant le manger et le boire, σθίω καὶ πίνω. Dans la culture juive, partager un repas était porteur d'un message. Il déterminait l'appartenance ou la non-appartenance à un groupe. Car les repas ne pouvaient pas se partager avec des étrangers, des personnes externes du groupe.[7] L'accusation des autorités religieuses agissaient comme une certaine police ayant la mission de déterminer ce qu'il fallait manger, comment et quand il fallait manger telle nourriture et surtout avec qui il faut manger. Toute cette procédure avait pour but la recherche de la pureté individuelle et sociale.

En effet, dans cette péricope de Luc, il n'est nullement question des aliments licites et illicites à consommer ou à éviter. Le texte est loin d'aborder ces aspects. Le choix de la préposition μετὰ, avec, est éloquent. Il est donc question d'un ami avec qui il faudra manger et boire. Pour les Pharisiens et leurs Scribes, Jésus aurait fait un mauvais choix en s'associant aux collecteurs d'impôts et pécheurs, τῶν τελωνῶν καὶ ἁμαρτωλῶν. A cet effet, il était inadmissible pour Jésus de partager la table avec Lévi et ses collègues collecteurs d'impôts. A ceux-ci s'ajoutaient ceux qui leur étaient semblables (Lc 5,29).

A y voir de près, cette désignation « collecteurs d'impôts » est une étiquette qui Servait aux Pharisiens et leurs Scribes de caté-goriser un groupe particulier d'individu dans la société. Il est pos-sible de considérer qu'il ne s'agissait pas de deux groupes distincts constitués des collecteurs d'impôts d'une part et de l'autre des « pé-cheurs ». FARMER qui va dans ce sens précise que « pécheur » était un terme générique qui englobait plusieurs catégories dont celle des collecteurs d'impôts. Il présente ceux-ci comme étant les représen-tants de tous les «pécheurs».[8]

Pour les Pharisiens et leurs Scribes, c'était un titre qui dési-gnait ceux qui étaient en dehors de leur groupe social. Les collec-teurs d'impôts aux dires des Pharisiens étaient de ceux qui devraient être exclus de la vie sociale. Ces exclus n'avaient pas droit aux hon-

---

[7] Joel B. GREEN, *The Theology of the Gospel of Luke*, Cambridge, Cambridge University Press, 1995, 84, 85.

[8] William R. FARMER, «Who Are the 'Tax Collectors and Sinners' in the Synoptic Tradition", dans: Dikran Y. HADIDIAN (éd.), *From Faith to Faith: Essays in Honor of Donald G. Miller on His Seventieth Birthday,* Pittsburgh, The Pickwick Press, 1979,167. Voir aussi David A. NEALE, *None but the Sinners, Religious Categories in the Gospel of Luke* (JSNTSup 58), Sheffield, Sheffield Academic Press, 1991, p. 114, 115.

neurs, qui étaient privés des avantages spirituels et qui étaient condamnés à l'avance. Ils n'avaient pas part à l'espérance d'une vie future. Ils subissaient en quelque sorte une mort sociale et religieuse, dans le sens où ils étaient coupés de leur société (Lc 5,30 ; 7,37,39 ; 15,1.2 ; 19, 7). Leur résistance à s'associer aux collecteurs d'impôts reposait sur le fait qu'ils étaient considérés comme des pécheurs notoires.

En effet, le pêchés des collecteurs d'impôts ont déjà été éclairés dans l'Evangile de Luc. Au début dans le ministère de Jean Baptiste, ils ont été exhortes à ne pas percevoir au-delà de ce qui leur a été prescrit (Lc 3,12,13). Plus tard dans le récit de Zachée, Ce dernier reconnaissait la pratique de la fraude dans l'exercice de ses fonctions (Lc 19,8).

Par ailleurs, plusieurs témoignages attestent de la violence, de la corruption, des extorsions qui accompagnaient le métier des collecteurs d'impôts en Palestine et dans les environs au premier siècle de l'ère commune. PHILON D'ALEXANDRIE a stigmatisé le comportement des collecteurs en Egypte. Il dressa un tableau sombre caractérisé par les diverses formes de tortures infligées à ceux qui, en raison de la pauvreté qui les caractérisait, n'étaient pas en mesure de payer les taxes imposées. Plusieurs n'avaient la vie sauve que par la fuite. Même dans ce cas, la famille du fugitif bien qu'innocente subissait des sévices. [9]

Dans la littérature rabbinique, le portrait des collecteurs d'impôts n'est pas élogieux. Ils étaient méprisés et sont associés aux voleurs. Leur présence dans une maison la rendait impure. Les textes rabbiniques vont jusqu'à croire à une certaine impossibilité de leur repentance. Pour que cela soit possible, ils devaient rembourser à tous ceux qu'ils avaient dupés. Certains attestent que les collecteurs d'impôts perdaient leurs droits civiques.[10]

---

[9] PHILON, *On the Embassy to Gaius* XXX, 119. Voir aussi PHILON, *De specilibus Legibus* III, 159. Dans ce paragraphe, il décrit le comportement acariâtre des collecteurs d'impôts égyptiens. PHILO, in Nine Volumes. Vol. VII, Cambridge, Havard University Press, 1923, 575.

[10] Voir b. Sanhedrin 25b; m. Sanhedrin 3. 3 ; m. Baba Kamma 10.2. Sanhedrin 25b, m. Tohoroth 7. 6; m. Nedarim 3. 4. Tout en n'accordant pas foi aux apocryphes, il y a lieu de considérer que dans l'Epître de Barnabé écrit probablement au

Dans l'Evangile de Luc, le terme « pécheur » s'applique aux personnes qui étaient coupables devant Dieu (Lc 5,8 ; 6,32-34 ; 18,13 ; 24,7). Le terme fait référence à une catégorie sociale d'individus considérée par les Pharisiens et les Juifs comme exclue de la société (Lc 5,30 ; 7,37, 39 ; 15,1,2 ; 19,7). La mission de Jésus était focalisée sur la repentance et le salut des pécheurs, même ceux qui n'observaient pas la loi mosaïque (Lc 5,32 ; 19,10). Cette repentance des pécheurs était l'objet de la joie dans le ciel (Lc 15,7, 10).

3. 2. L'expression « οἱ τελῶναι καὶ οἱ ἀμαρτῶλοι» Lc 15, 1-2

3.2.1. Contexte

Dans ce passage, l'expression se présente sous deux formes. La première est longue, tandis que la seconde est abrégée. La forme longue est «οἱ τελῶναι καὶ οἱ ἀμαρτωλοι». Dans ce passage, elle est rapportée par Luc, qui voyait que cette catégorie sociale ainsi identifiée s'approchait de Jésus pour écouter son message (Lc 15,1). La deuxième forme se présente dans une accusation formulée par les Pharisiens et les Scribes contre Jésus. Elle se résume par le terme « ἀμαρτωλοὺς » (Lc 15, 2).

La construction de la première forme nous semble singulière à cause de la répétition de l'article défini devant les deux substantifs coordonnés par la conjonction καὶ. Il est possible que Luc ait en pensée des personnes bien définies, connues dans la société comme exerçant le métier de collecteurs d'impôts. Du point de vu religieux, ils étaient réputés comme pécheurs.

IIème siècle (vers 118-120), p. 7, on évoque le choix que Jésus porta sur ses apôtres dans le but d'annoncer la Bonne Nouvelle. Le texte souligne ce choix porta en faveur de ceux dont les péchés étaient à leur comble, pour montrer que Jésus avait la mission divine de chercher les pécheurs pour leur repentance. Le passage ne mentionne pas explicitement le nom de Lévi. Cependant, le contexte prouve qu'il fait référence à cette péricope. Il se dégage donc que même dans la littérature apocryphe, les collecteurs d'impôts étaient compris comme des pécheurs. Voir Epître de Barnabé, 5. 9. Barth D. EHRMAN, (éd.), *The Apostolic Fathers: Epistle of Barnabas, Papias and Quadratus, Epistle to Diognetus, The Shepherd of Hermas* (LCL, 25), Cambridge, Harvard University Press, 2003, 29.

De la construction syntaxique de cette proposition se dégage l'intention de l'auteur. En effet, οἱ τελῶναι καὶ οἱ ἁμαρτωλοι qui est le sujet occupe une position secondaire dans cette proposition. L'auteur place en vedette la forme verbale «Ἦσαν ἐγγίζοντες, ils s'approchèrent » pour marquer une emphase. Cela suggère que dans la pensée de Luc, le fait de s'approcher de Jésus pour l'écouter constituait une caractéristique très importante pour cette catégorie sociale de la population juive. Ce facteur est très important dans le sens ou souligne l'attitude positive des collecteurs d'impôts à l'égard du message de Dieu. Dans l'Evangile de Luc, ils sont des personnes en quête de la repentance et du pardon des pêches (Lc 5,29-32 ; 7,35.36-50).[11]

3.2. 2. La spécificité de l'accusation

Les Pharisiens et les Scribes, οι Φαρισαῖοι καὶ οἱ γραμμᾶ τεῖς sont le sujet de l'action dans ce passage. Contrairement au récit précèdent, les Scribes présentés ici ne sont pas « ceux des Pharisiens ». Ensemble, ils murmuraient et accusaient Jésus d'offrir son accueil chaleureux aux « collecteurs d'impôts et pécheurs » (Lc 15,2).

Ceux-ci avaient mis Jésus en cause pour son habitude de réserver un bon accueil, προσδέχομαι et de manger ensemble, συνεσθίω avec les pécheurs, au nombre desquels figurent naturellement les collecteurs d'impôts. Toutefois, on se rappellera que dans les péricopes précédentes notamment en Lc 5,27 et plus tard en 7,34, le grief contre Jésus reposait essentiellement sur le manger et le boire, ἐσθίετε καὶ πίνετε. Le présent texte allonge la liste avec un troisième élément qui est προσδέχομαι. Ce verbe peut avoir le sens d'accueillir ou celui d'attendre.[12]

Généralement, Luc emploie ce verbe προσδέχομαι pour exprimer l'action d'attendre. (Lc 2,25 ; 12,36 ; Lc 23,51). Dans le passage de Lc 15,2, Luc emploie le même terme « προσδέχομαι» pour exprimer l'accueil des collecteurs d'impôts par Jésus. A cet effet, il

---

[11] J. GREEN, *The Gospel of Luke,* 570.
[12] BAGD, 1979, 719.

est donc possible qu'en rapport avec les collecteurs d'impôts, Luc avait en vue l'appel que Jésus adressa à Lévi (Lc 5,27). De façon globale, on peut aussi admettre que le banquet dans Luc 5, avec les convives présents semble jouer aussi un rôle important dans la compréhension du sens de l'accueil par Jésus pour le salut.[13] De Lc 15,1.2 se dégage aussi l'hospitalité de Jésus envers les pécheurs.

3. 3. L'expression τελῶναι καὶ ἁμαρτῶλοι dans dans Lc 19,7

3. 3.1. Contexte

Cette accusation qui est particulière à Luc est en rapport avec le collecteur d'impôts. Elle est contenue dans la phrase suivante : « καὶ ἰδόντες πάντες διεγόγγυζον λέγοντες ὅτι Παρὰ ἁμαρτωλῷ ἀνδρὶ εἰσῆλθεν καταλῦσαι». Ce verset est traduit dans la TOB de la manière suivante : « Voyant cela, tous murmuraient ; ils disaient : « C'est chez un pécheur qu'il est allé loger ». . Notre intérêt porte sur la deuxième partie de la phrase. Introduite par la conjonction ὅτι, qui exprime l'accusation formulée contre Jésus. En définitive, l'action de Jésus était conforme à sa mission, qui consistait à chercher et à sauver les perdus.

3.3.2. La spécificité de l'accusation

Dans ce récit de Luc, les accusateurs sont identifiés par le pronom πᾶς, tous, qui référence à la foule, ὄχλος. Celle-ci s'était érigée en obstacle pour Zachée, qui voulait voir Jésus (Lc 19,3.7).

L'élément essentiel de l'accusation est « le logement chez le pécheur, Παρὰ ἁμαρτωλῷ ἀνδρὶ εἰσῆλθεν καταλῦσαι», notamment Zachée. Il a été présenté en début de cette péricope comme étant un le chef des collecteur d'impôts et un homme riche, ἀρχιτελώνης καὶ αὐτὸς πλούσιος (Lc 19,2). Ces deux facteurs donnent la possibilité d'admettre qu'il était aligné au nombre des personnes indésirables de la société, en raison de la mauvaise réputation qu'ils avaient. Il était indexé au nombre des « pécheurs » (Lc 19,7).

---

[13] J. John KILGALLEN, "Was Jesus Right to Eat with Sinners and Tax Collectors?", *Biblica* 93 (2012), 590-600, 591, 92.

Pour la foule, Jésus qui était un homme juste, venu de Dieu ne devrait pas s'attacher à un homme déjà exclu de par son statut socioreligieux aussi faible,[14] au point de loger à son domicile. Le peuple savait parfaitement les implications d'une telle décision de Jésus, d'où sa réaction. Elle avait pour conséquence la réhabilitation sociale et religieuse du collecteur d'impôts en chef.

Aux griefs portés contre Jésus dans les péricopes précédents, notamment le manger et le boire avec les collecteurs d'impôts (Lc 5,29 ; 7,34 ; 15,1.2) ainsi que l'accueil qu'il leur réservait (Lc 15,1), ce passage ajoute un élément nouveau, celui de loger chez un homme pécheur (Lc 19.7). Le verbe καταλύω, qui dans son sens de « loger » est pratiquement synonyme de μένω, demeurer (Lc 19,5), fut employé par Jésus lorsqu'il s'adressa à Zachée.[15] Il se dégage de ce terme que Jésus avait passé la nuit dans la maison du «pécheur».[16]

En accédant dans la demeure de Zachée, cadre de son intimité, Jésus aurait partagé un repas avec la famille, conformément à l'hospitalité antique. Toutefois, en sa qualité de Messie, Jésus était en train de répandre l'hospitalité de Dieu, même dans la maison de Zachée. A cet effet, il attesta que le salut était entré dans cette maison qui l'avait accueilli avec joie (Lc 19, 9).

A l'issue de l'étude de l'expression « collecteurs d'impôts et pécheurs » dans Luc, il se dégage qu'elle est dans la plupart de cas employée dans le contexte d'une accusation portée par les Pharisiens, les Scribes et la foule contre les actions de Jésus en faveur des pécheurs. Ces actions se limitaient aux faits de manger et de boire avec les collecteurs d'impôts et les pécheurs, de leur réserver bon accueil et enfin d'accepter leur hospitalité en logeant chez l'un d'entre eux.

---

[14] J. GREEN, *The Gospel of Luke*, 570.

[15] Les verbes « μένω, demeurer » (Lc 19,5) ainsi que «καταλύω, loger » (Lc 19,7) et « ὑποδέχομαι, recevoir » (Lc 19,6), sont caractéristique de l'hospitalité dans l'Evangile de Luc. Voir Andrew E. ARTERBURY, *Entertaining Angels: Early Christian Hospitality in Its Mediterranean Setting* (New Testament Monographs, 8), Sheffield, Sheffield Phoenix Press, 2005, p. 131. Voir aussi Abraham J. MALHERBE, *Social Aspects of Early Christianity*, 2ème éd. Philadelphie, Fortress Press, 1983, 103.

[16] F. BASSIN, *L'Evangile selon Luc*, Tome 3, 243.

4. SYNTHESE : L'EXPRESSION « AMI DES COLLECTEURS D'IMPOTS ET PECHEURS »

L'utilisation de «φίλος» avec «τελωνῶν καὶ ἁμαρτωλῶν», qui exprime une relation intime entre l'ami et le groupe de personnes indiquées par le nom.[17] Ici, Luc semble souligner la relation qui exista entre Jésus et les collecteurs d'impôts et pécheurs. C'était Jésus qui offrit son amitié aux collecteurs d'impôts et pécheurs. D'autre part, les collecteurs d'impôts et les pécheurs étaient sensibles à cette amitié. Il se dégagea une relation réciproque d'amitié.

La présente section met en parallèle les résultats obtenus dans les deux précédentes sections pour déterminer ce que voulait dire Luc au sujet de l'expression « ami des collecteurs d'impôts et pécheurs ». Nous chercherons à établir les rapprochements éventuels entre les caractéristiques de l'ami selon Luc et les actions de Jésus dans sa relation avec les collecteurs d'impôts. Les résultats nous conduiront à suggérer les implications christologiques et sotériologiques de l'expression dans la théologie du troisième Evangile. Les résultats de notre analyse suggèrent que Jésus est l'ami des collecteurs d'impôts et les pécheurs en ce qu'il les a secourus et accueillis (Lc 11,6.8).

Les éléments qui caractérisent l'amitié dans l'Evangile de Luc peuvent bien être illustrés au moyen des péricopes qui traitent des collecteurs d'impôts. Au sujet de l'accueil évoqué précédemment, le récit de Lévi dans Lc 5,27-32 peut mieux illustrer la notion de l'ami comme celui qui réserve un accueil chaleureux. Ces éléments se font remarquer à travers l'appel et le banquet offert par le collecteur d'impôts. Au sujet de l'appel de Lévi au nombre de disciples, celui-ci avait l'air d'être odieux et inimaginable pour bon nombre des Juifs. D'abord, Luc semble tirer l'attention de ses lecteurs sur la personne que Jésus appelle. Pour cela, il présenté Lévi

---

[17] William Graham MACDONALD, *Greek Enchiridion: A Concise Handbook of Grammar for Translation and Exegesis,* Peabody, Hendrickson Publishers, 1986, 79.

comme un collecteur d'impôts, qui était encore actif étant dans son bureau de péage (Lc 5,26). L'appel que lui fit Jésus semble témoigner du sens profond de l'accueil. Jésus montra par là qu'il était un ami pour Lévi.

Lévi avait reçu de Jésus un appel similaire à celui donné à Simon Pierre, qui devint pêcheur d'hommes (Lc 5,10). Cet appel le disposait à faire partie des disciples de Jésus. Matthieu, qui est connu aussi par le nom de Lévi, faisait bel et bien partie des disciples de Jésus. A cet effet, il est du nombre de ceux que Jésus reconnaissait lui-même comme étant ses amis. Par conséquent, Jésus était ami de Lévi et vice versa, à cause d'être compté au nombre de ses disciples.

L'étude du terme φίλος a révélé que chez Luc, l'ami est celui avec qui on partage la table. Ce propos trouve son illustration aussi bien dans le récit de Lévi que de celui de Zachée (Lc 14). En effet, Luc rapporte que Lévi fit, en l'honneur de Jésus dans sa maison un grand banquet. La présence de Jésus à cet évènement a été attestée par la réaction des Pharisiens et des Scribes (Lc 5,30). Jésus ne mangea pas avec Lévi seul, car Luc atteste qu'il y avait aussi plusieurs autres collecteurs d'impôts et pécheurs. Etant donné que le banquet dans l'antiquité était un cadre qui servait a resserré les liens amicaux entre les membres d'un groupe particulier, le repas de Jésus avec eux atteste qu'ils faisaient partie de ses amis.

Dans le récit de Zachée, Jésus, en recevant son hospitalité, avait eu droit non seulement au logement, mais aurait aussi partagé le repas en compagnie de tous ceux qui composaient la maison de Zachée (Lc 19,7). Par conséquent, le repas et le logement constituaient les marques d'une amitié qui liait Jésus aux collecteurs d'impôts. Celle-ci est une attestation de sa familiarité envers eux.

5. IMPLICATIONS CHRISTOLOGIQUE ET SOTERIOLOGIQUE DE L'EXPRESSION

5.1. Sur le plan christologique

Le prologue de Luc donne le but de son Evangile : Celui de présenter Jésus. Cela laisse supposer que la christologie et la sotériologie occupent une place importante dans l'Evangile. En ce qui nous concerne dans cette étude, plusieurs éléments participent à la com-

préhension de l'expression « amis de collecteurs d'impôts et pécheurs ». Loin d'être un titre honorifique, elle peut dans une certaine
mesure être comprise comme un reproche adressée, par ses détrac-
teurs, à Jésus durant son ministère terrestre en Galilée.[18] Ce reproche semble ne pas avoir une connotation, eschatologique, car, les
hommes de la génération de Jésus se basaient sur des faits obser-
vables.

A cet effet, dans le texte de Lc 7,34. Jésus n'était pas seulement compris comme le « fils de l'homme » qui est venu de Dieu.
Mais aussi comme « l'ami des collecteurs d'impôts et des pécheurs ». Cette épithète attribuée à Jésus sous forme d'accusation
renforce la compréhension de son humanité. Jésus a partagé la nature humaine avec les autres dans le sens où il pouvait manger et
boire de manière ordinaire, des actes qui ne le distinguaient pas de
ses compatriotes. Comme humain, Jésus a étendu son amitié à tous
mais surtout aux personnes défavorisées, ceux de la basse classe (Lc
4,18), compris ici comme des collecteurs d'impôts et pécheurs. Par
ricochet, ceux-ci s'approchaient de lui pour l'écouter. Cette communion montre bien la nature humaine de Jésus.

La nature humaine de Jésus permet de parler de son humilité.
Celle-ci se manifeste en ce qu'il s'était identifié aux hommes et surtout aux pécheurs notoires comme les collecteurs d'impôts en parta-
geant leur exclusion et leur mépris, alors qu'il était de la nature
divine.[19]

---

[18] John KOENIG, *New Testament Hospitality: Partnership with Strangers as Promise and Mission,* Philadelphia, Fortress, 1985, 24.

[19] Voir aussi la pensée de Paul dans Philippines : « Ayez-en vous les sentiments qui étaient en Jésus -Christ, lequel, existant en forme de Dieu, …[il] s'est dépouillé lui-même, en prenant une forme de serviteur, en devenant sem-blable aux hommes ; et ayant paru comme un simple homme, il s'est hu-milié lui-même, se rendant obéissant jusqu'à la mort », (Ph 2,5-8 LSG).

5. 2. Sur le plan sotériologique

L'amitié déclarée de Jésus envers les collecteurs d'impôts et
les pécheurs est une expression de «la bienveillance de Dieu».[20]
Dans son Evangile, Luc présente Jésus comme étant « le sauveur»
dès sa naissance (Lc 2,11). Il apporte ce salut par sa vie terrestre. Sa
vie entière avait une signification salvatrice. Sa présence inaugurait
la venue de Royaume de Dieu et était la manifestation de ce
Royaume sur la terre (Lc 4,13 ; 8,1 ; 9,11). En effet, la raison pour
laquelle il est venu sur terre était de la recherche de perdus (Lc
19,10). Déjà en réponse à la question posée par les Pharisiens et
leurs Scribes, Jésus avait attesté que sa mission terrestre avait pour
but l'appel des pécheurs à la repentance (Lc 5,32). Les pécheurs
étaient ceux qui étaient perdus. De ce nombre figuraient les collecteurs d'impôts. Son amitié avec ces personnes avait pour finalité leur
salut. Sa rencontre avec Lévi ou encore avec Zachée en sont des
illustrations.

En outre, après qu'il ait joui de l'hospitalité de Zachée, Jésus
déclarait à son sujet que le salut qu'il incarnait était entré dans sa
maison parce que celui-ci comptait au nombre de fils d'Abraham
(Lc 19,9). Cette déclaration de Jésus permet de comprendre que le
Salut offert par Jésus était non seulement un fait présent mais aussi
eschatologique. Dans ce sens, le manger et le boire avec les collecteurs d'impôts, ainsi que l'accueil des collecteurs d'impôts, pouvaient être compris non seulement comme la marque de l'unité, de
l'amitié terrestre de Jésus avec eux, mais aussi comme une préfigu-
ration du repas eschatologique dans le Royaume de Dieu (Lc
13,29),[21] c'est-à-dire leur intégration dans le Royaume de Dieu.

Cette expression semble souligner le caractère inclusif et
universel du salut offert par Jésus. Le fait d'inscrire les collecteurs
d'impôts et les pêcheurs parmi ses amis implique que Jésus a étendu
l'hospitalité divine aux personnes qui, selon les dispositions du ju-
daïsme de son temps étaient exclus du cercle socioreligieux. Ils

---

[20] François BOVON, *L'évangile selon Saint Luc I, 1-9,50* (CNT, IIIa), Genève, Labor
et Fides, 1991, 373.

[21] John NOLLAND, *Luke 1-9:20* (WBC, 35A), Waco, Word Books, 1989, 346; Voir
aussi Georg BRAUMANN, "Hunger, πίνω", *NIDNT* II, 274-277, 276.

étaient considérés comme des pécheurs en raison de leurs comportements contraires à la Loi. Bien qu'indignes du salut et exclus par les Pharisiens et les Scribes, ils recevaient une considération dans le ministère salvifique de Jésus. Le plan de salut de Dieu n'est pas partiel. Il inclut toute personne, sans considération de classe ou d'appartenance socioreligieuse. A ce sujet, G. E. LADD précise que ce salut était accessible aux « humbles et aux glorieux, aux riches et aux pauvres, aux juifs et aux païens, aux hommes et aux femmes ». Cependant, il se dégage dans Luc une certaine « partialité inversée ». Cette expression est en conformité avec la théologie de l'Evangile de Luc, qui accorde une place préférentielle à la restauration des personnes affectées du point de vue physique, social et spirituel (Lc 4,18). [22]

CONCLUSION

En somme, cette étude était basée sur l'expression « amis des collecteurs d'impôts et pécheurs ». L'étude du concept « ami » dans l'évangile a révélé que dans la plupart de cas, il est employé dans un contexte général qui désigne celui qu'on peut secourir et qui accueille ; celui avec qui on partage la table. Pour Jésus, l'ami est un disciple, celui qui écoute ses enseignements et qui le suit.

Cette expression « collecteurs d'impôts et pécheurs » a été employée par diverses personnes notamment par les Galiléens de la génération de Jean et Jésus, par les Pharisiens, les Scribes, et par la foule. Dans tous les cas, elle était une allégation qui témoignait de leur rejet du plan de Salut qui se manifestait en Jésus.

L'expression était occasionnée par certaines actions particulières dans le ministère terrestre de Jésus, notamment, son manger et boire, l'accueil et le choix des disciples et le fait de loger chez un collecteur d'impôts. Ces éléments sont les marques d'une fraternité, d'une certaine intimité entre les membres d'une société. Ils prouvent à suffisance que Jésus était en relation d'amitié avec les collecteurs d'impôts de son temps.

---

[22] G. E. LADD, *Théologie du Nouveau Testament* (Théologie), Cléon d'Andran: Excelsis, 1993, 250.

Au sujet des implications théologiques, l'expression « ami des collecteurs d'impôts et pécheurs » illumine la christologie et la sotériologie dans le troisième Evangile. Dans ce contexte christologique, elle renforce la compréhension de la nature humaine de Jésus avec son temps d'abaissement, son humilité. Dans sa conception sotériologique, l'expression insiste sur le caractère inclusif du salut et de la mission de Jésus. Par sa sollicitude envers les pécheurs et les autres personnes défavorisées de la société, Jésus étendait l'invitation du Royaume de Dieu jusqu'à eux. Son amitié avec les collecteurs d'impôts et pécheurs était conforme et à la volonté de Dieu et à la mission qui lui était confié. La présence de Jésus impliquait la restauration spirituelle, physique et socioreligieuse des pécheurs. Il est venu pour chercher et sauver les perdus.

BIBLIOGRAPHIE

ARTERBURY, Andrew E. « Abraham's Hospitality among Jewish and Early Christian Writers: A Tradition History of Gen 18:1-16 and Its Relevance for the Study of the New Testament », PRS 30/3 (2003), p. 359-376.

BAUER, Walter. A Greek- English Lexicon of the New Testament and Other Early Christian Literature. Trad. Walter F. ARNDT et F. Wilbur GINGRICH, 2ème éd. Chicago: The University of Chicago Press, 1979. BASSIN, François. L'Evangile selon Luc, Tome 3. Coll. CEB. Vaux-sur-Seine, Edifac, 2015.

BOVON, François. L'évangile selon Saint Luc I, 1-9,50. Coll. Coll. Commentaire du Nouveau Testament III. Genève, Labor et Fides, 1991.

BRAUMANN, Georg."Hunger, pi,nw", NIDNT II, 274-277, 276.

EHRMAN, Barth D. (éd.), The Apostolic Fathers: Epistle of Barnabas, Papias and Quadratus, Epistle to Diognetus, The Shepherd of Hermas (LCL, 25), Cambridge,Harvard University Press, 2003.

FARMER, William R. « Who Are the Tax Collectors and Sinners in the Synoptic Tradition? » p. 167-174, in from Faith to Faith: Essays in Honor of Donald G. Miller on His Seventieth

Birthday. Sous dir. Dikran Y. HADIDIAN. Pittsburgh: The Pickwick Press, 1979.

FITZMYER, Joseph A. The Gospel According to Luke (1-IX). Coll. The Achor Bible. New York: The Achor Bible Doubleday, 1981.

GREEN, Joel B.The Theology of the Gospel of Luke. Cambridge: Cambridge University Press, 1995.

KEENER, Craig S. « Friendship », dans : DNTB, 2000, 380-388, 381.

KILGALLEN, John. « Was Jesus Right to Eat with Sinners and Tax Collectors? », Bib 93 (2012), p. 590-600.

KOENIG, John. New Testament Hospitality: Partnership with Strangers as Promise and Mission, Philadelphie: Fortress, 1985.

LADD, George Eldon. Théologie du Nouveau Testament. Trad. Hohkma. Coll. Ouvrages de Référence. Cléon d'Andran : Excelsis, 2010.

MACDONALD, William Graham. Greek Enchiridion: A Concise Handbook of Grammar for Translation and Exegesis, Peabody, Hendrickson Publishers, 1986.

MALHERBE, Abraham J. Social Aspects of Early Christianity, 2ème éd. Philadelphie: Fortress Press, 1983.

MARSHALL, Howard I. The Gospel of Luke: A Commentary on the Greek Text. Coll. NIGTC. Grand Rapids, Eerdmans, 1979.

MODICA, Joseph B. « Jesus as Glutton and Drunkard: The Excesses of Jesus », p. 50-75, in Who Do My Opponents Say That I Am? An Investigation of the Accusations against the Historical Jesus. Sous dir. Scot McKNIGHT et Joseph B. MODICA. Coll. LNTS. New York: T. & T. Clark, 2008.

MORRIS, Leon Luke: An Introduction and Commentary. Coll. TNTC. Grand Rapids: Eerdmans, 1988.

NEALE, David. None but the Sinners: Religious Categories in the Gospel of Luke. Coll. JSNTSup. 58. Sheffield: Sheffield Academic Press, 1999.

NOLLAND, John. Luke 1-9:20. Coll. Word Biblical Commentary 35. Waco: Word Books, 1989.

PHILON, On the Embassy to Gaius XXX, 119. Voir aussi PHILON, De specilibus Legibus III, 159. Dans ce paragraphe, il décrit le comportement acariâtre des collecteurs d'impôts égyptiens. PHILO, in Nine Volumes. Vol. VII, Cambridge, Havard University Press, 1923, 575.

ZACHEE : COLLECTEUR D'IMPOTS EN CHEF ET « FILS D'ABRAHAM » (LUC 19. 9)

William MBULUKU MUZINGA
Wmbul.m@gmail.com

Introduction

Le chapitre 19 de l'Evangile de Luc emploie une expression particulière, « fils d'Abraham », qui fait référence à Zachée. Le but poursuivi dans cet article est de dégager la signification de l'expression dans le contexte de l'Evangile de Luc et ensuite noter quelques implications pour l'Eglise au XXIème siècle.

A. La figure d'Abraham dans l'Ancien Testament

Le patriarche Abraham est un personnage illustre de l'Ancien Testament. Il reçut la vocation de Dieu qui promit de faire de lui une grande nation. Par lui seraient bénies toutes les familles de la terre (Genèse 12. 1-3). Le survol de certains passages de l'Ancien Testament permet de souligner quelques aspects au sujet d'Abraham ci-dessous : (1) Abraham était le père de tout le peuple d'Israël (Genèse 17. 4) ; (2) Il était la source de bénédiction pour le peuple juif (Genèse 12. 2) ; (3) Enfin, les compassions de Dieu envers Israël reposent sur la base de l'alliance conclue avec le patriarche Abraham (Genèse 17. 7- 8). La section qui suit permet de comprendre Abraham dans l'Evangile de Luc.

B. L'expression « fils d'Abraham » dans l'Evangile de Luc

1. Figure d'Abraham dans l'Evangile de Luc

Le patriarche Abraham est évoqué quatorze fois dans l'Evangile de Luc. La première mention se trouve dans le cantique de Marie. Marie a considéré sa conception de Jésus comme une action divine dans l'histoire d'Israël, l'accomplissement des promesses que Dieu a faites en faveur d'Israël à travers l'alliance conclue avec Abraham (Luc 1. 55).

Dans cette même section de l'Evangile, le patriarche Abraham est mentionné dans le cantique de Zacharie (Luc 1. 73). A la naissance de son fils Jean, Zacharie, rempli du Saint Esprit, célébrait l'Eternel en attestant que par cet acte, Dieu manifestait sa miséricorde conformément aux promesses faites au patriarche Abraham.

Au-delà du thème de l'accomplissement, l'Evangile atteste que Jésus appartenait dans la lignée généalogique d'Abraham (Luc 3.34).

Le patriarche Abraham est aussi cité dans la prédication de Jean Baptiste. En effet, l'appartenance à la lignée abrahamique était un élément crucial dans l'existence juive, au point que tout le peuple juif se considérait dans cette lignée (Luc 3. 9). Pour Jean Baptiste, cette appartenance ne pouvait servir de prétexte pour ne pas croire à son message. Il leur adressa un avertissement selon lequel Dieu était capable de passer outre la lignée biologique pour susciter des enfants à Abraham même à partir des pierres (Luc 3. 8).

Par ailleurs, l'expression « fils d'Abraham » dans les textes de Luc 13. 28 ; 20. 37 présente une perspective juive selon laquelle le patriarche Abraham, aussi bien qu'Isaac, Jacob et les prophètes, font référence aux figures du royaume de Dieu. Ils sont vivants car Dieu n'est pas Dieu des morts mais des vivants (Luc 20. 38).

Le patriarche Abraham se voit dans le récit de la guérison d'une femme que Jésus rencontra un jour du sabbat dans la synagogue. Bien qu'elle soit malade, Jésus reconnaissait que la femme guérie était une juive et donc descendante biologique d'Abraham une « fille d'Abraham » (Luc 13. 16). Par cette expression, Jésus attestait qu'en tant que juive et descendante d'Abraham, elle était la cible de sa mission.

Fort de ce bref survol, il se dégage que Luc conçoit le patriarche Abraham en rapport avec le contexte historique du peuple d'Israël. Dieu accomplissait les promesses faites en faveur de son peuple. Jésus lui-même était de la lignée abrahamique, sa mission s'inscrivit dans l'accomplissement de la promesse. Abraham est donc considéré par Luc comme une figure illustre.

2. Présentation du récit de Zachée dans Luc 19. 1-10

L'expression « fils d'Abraham » se trouve dans un récit des activités de Jésus dans la citée de Jéricho, la dernière étape avant son entrée à Jérusalem. Selon l'Evangile, Jésus y rencontra un certain Zachée qui, en plus d'être riche, était un collecteur d'impôts en chef.

Pour les Juifs de Jéricho, Zachée était un homme pécheur. Il avait à sa charge un nombre important d'agents subalternes chargés de la perception des droits de vente et des diverses taxes à Jéricho. Ils étaient généralement connus comme des personnes corrompues et non respectueuses de tarifs préétablis (cf. Luc 3. 12, 13). Par conséquent, ils étaient haïs et méprisés dans la société juive.

Dès leur première rencontre, lorsque celui-ci était perché sur un sycomore, Jésus lui demanda de descendre et se proposa de loger dans sa maison. Zachée accepta l'offre et l'accueillit avec joie. Cette action suscita une désapprobation des opposants, qui murmuraient contre Jésus pour avoir été reçu par ce collecteur d'impôts en chef, qui en ce temps-là était considéré comme un « pécheur ». S'adressant à Jésus, Zachée résolut de partager la moitié de ses biens aux pauvres. A cela il ajouta la restitution au quadruple aux personnes qu'il avait harcelées sur le plan juridique. Cette déclaration suscita la réaction de Jésus, qui, s'adressant à la fois aux opposants et à Zachée, estima que le salut dont il était le pourvoyeur était venu dans la maison de Zachée, parce que ce dernier était fils d'Abraham. Ce propos justifia la mission en tant que Fils de l'homme, venu chercher et sauver ce qui était perdu.

3. Contexte de l'expression « fils d'Abraham »

La déclaration de Jésus est introduite par la phrase « Jésus lui dit : » (Luc 19. 9). Elle montre que Jésus s'adressait directement à Zachée en réponse à sa résolution. Le propos de Jésus était aussi entendu par certains opposants, qui murmuraient et qui traitaient Zachée d'« homme pécheur ». Conscient du statut socioprofessionnel de Zachée, Jésus ne doutait pas qu'il soit pécheur. La confession de Zachée avait conduit Jésus à l'attestation non seulement du salut de sa maison mais aussi de la confirmation de son statut de « fils d'Abraham ». Par principe, Zachée méritait un autre titre que celui de « fils d'Abraham », car ses références professionnelles et sa méconduite dans l'exercice ne reflétaient pas les valeurs qui devraient caractériser un descendant d'Abraham.

C'est pourquoi, les Juifs à Jéricho s'indignèrent quand Jésus a reçu l'hospitalité de Zachée en attestant qu'« il est allé loger chez un homme pécheur ». L'hospitalité offerte par un collecteur d'impôts leur paraissait inconcevable, ou même, abominable, pour un leader religieux de la trempe de Jésus.

La caractérisation de Zachée comme pécheur se lit à travers sa propre déclaration. D'abord, il étant riche, il accordait moins d'importance aux pauvres. C'était une des caractéristiques propres aux personnes riches. Ensuite, il accusait faussement les contribuables devant les tribunaux. C'était particulièrement dans ces deux domaines qu'il a déclenché sa repentance (Luc 19. 8). Zachée était donc un pécheur notoire. Sa présence dans sa communauté pourrait représenter une certaine menace à la quiétude sociale. Il était donc susceptible d'être considéré comme exclu de la société. La désignation de Zachée comme « pécheur » établit un contraste avec l'expression « fils d'Abraham » évoquée par Jésus. Il se dégage donc une émergence de deux perceptions opposées de l'homme : celle des Juifs d'une part et celle de Jésus d'autre part.

4. La justification de l'expression « fils d'Abraham » dans Luc 19. 9

Zachée aurait pu être désigné par Jésus naturellement comme un « Juif » plutôt que par l'expression « fils d'Abraham ». Cependant, en rapport avec le discours des opposants qui le traitaient de « pécheur » (Luc 19. 7), Jésus a introduit un contraste en qualifiant Zachée de « fils d'Abraham » (Luc 19. 8). L'insertion de l'expression à ce niveau du récit ne semble pas fortuite.

En effet, dans l'Ancien Testament, qui sert d'arrière-plan à cette expression, on peut compter jusqu'à trois les cas où le terme « fils » est placé devant ou après le nom d'Abraham, toujours en référence à ses fils biologiques immédiats Ismaël et Isaac (Genèse 21. 2 ; 28. 9 ; 1 Chroniques 1. 28). Il est donc rare que cette expression ne s'adresse à un fils qui ne soit pas directement issu d'Abraham. Il y a lieu donc d'admettre que l'expression désigne les personnes plus proches, directement issues d'Abraham. Ainsi, l'application de l'expression « fils d'Abraham » à la personne de Zachée (Luc 19. 9) se présente comme une particularité de l'évangéliste Luc. Par cette expression, Luc voulait exprimer un lien d'intimité très étroite de Zachée avec Abraham. Ce lien n'était pas simplement biologique. Il avait aussi une dimension spirituelle.

Dans l'Evangile de Luc, le terme « fils » est dans la plupart des cas employé pour désigner la personne de Jésus, notamment dans l'expression « Fils de l'homme », titre par lequel Jésus s'auto-désignait (Luc 5. 24 ; 6. 5, 22 ; 7. 34 ; 9. 22, 26 ; 9. 44, 56, 58 ; 11. 30 ; 12. 8, 10, 40 ; 17. 22, 24, 26, 30 ; 18. 8, 31 ; 19.10 ; 21. 27, 36 ; 22. 22, 48, 69 ; 24. 7) ; dans la description de Jésus comme le Fils de Dieu (Luc 1. 35 ; 3. 22 ; 4. 3, 41 ; 9. 35 ; 10. 22 ; 12. 53 ; 22. 70) ; et fils de David (Luc 20. 44). Ces expressions sont des titres messianiques. Selon la fausse perception qu'avait le peuple, Jésus, qui était conçu du Saint Esprit était considéré comme étant fils de Joseph (Luc 1. 35 ; 3. 23 ; 4. 22).

Toutefois, l'attachement du terme « fils » à « Abraham » n'est mentionné que dans le cas de Zachée (Luc 19. 9). Dans ce passage, la construction est particulière puisque Zachée n'était pas un descendant directement né d'Abraham comme l'était Isaac et Ismaël. Le terme « fils » fait généralement référence à un descendant biologique du patriarche. Abraham était donc l'ancêtre de Zachée et de tout Juif.

Luc a souligné la particularité de la mission de Jésus. Lorsque les autres Juifs de Jéricho condamnaient Zachée, Jésus compatissait avec lui. Ainsi, l'expression « fils d'Abraham » est-elle mentionnée dans cette péricope pour marquer une opposition avec l'épithète « homme pécheur » attachée à Zachée. Aussi, par cette expression, Luc semble orienter l'attention de ses lecteurs sur la supériorité de la mission salvatrice de Jésus.

C. Quelques caractéristiques attachés à l'expression « fils d'Abraham » dans Luc 19. 9

Dans cette section, nous présentons quelques caractéristiques qui découlent de la compréhension de l'expression « fils d'Abraham » qui s'est appliquée à la personne du collecteur d'impôts en chef, Zachée.

1. « Fils d'Abraham », une expression valorisante dans la société

Zachée était connu dans la ville comme étant collecteur d'impôts en chef et pécheur (Luc 19. 2, 7). Ceci constitue une évidence de son statut inférieur dans la société. Par contre, Jésus, qui ne pouvait pas l'ignorer, l'a qualifié de fils d'Abraham. Par cette appellation, Jésus redéfinit le statut de Zachée « pécheur » à celui de « fils d'Abraham ». Jésus le valorisa lorsqu'il attacha la personne du collecteur à la personne d'Abraham, l'ancêtre illustre connu pour son obéissance et sa foi envers Dieu. Jésus plaçait Zachée au même diapason socioreligieux que les Juifs de Jéricho qui le repoussaient et qui se considéraient eux-mêmes comme justes. En tant que Juif, Zachée était toujours fils d'Abraham en dépit de son engagement dans le métier de collecteur d'impôts. Le nouveau statut de Zachée comme fils d'Abraham le justifia et le valorise dans la société juive.

2. « Fils d'Abraham », une expression de la réhabilitation du pécheur dans la communauté de peuple de Dieu

Le commentaire des opposants et celui de Jésus au sujet de la personne de Zachée diffèrent. Pour les opposants, Zachée comme pécheur n'avait pas la qualité d'offrir son hospitalité à un homme juste de la trempe de Jésus (Luc 19. 7). Cela laisse supposer qu'il était mis à l'écart. Dans l'Evangile, le collecteur d'impôts était un homme avec qui on ne devait ni manger, ni boire (Luc 5. 30 ; 7. 34 ; 15. 2). En le considérant comme « fils d'Abraham » et acceptant son hospitalité, Jésus attestait que Zachée avait une place de choix dans la communauté juive (Luc 19. 9). Il était bénéficiaire des promesses liées à la descendance d'Abraham. Par conséquent, il était aussi le bénéficiaire du salut par son allégeance au message de Jésus.

Ce récit fait état de la restauration d'un pécheur. Pour Zachée, le salut est entré dans sa maison et il a été reconnu dans son statut de « fils d'Abraham ».

3. « Fils d'Abraham », une expression d'un statut supérieur

Vivant en Palestine au premier siècle, Jésus était au courant du faible statut social et religieux de Zachée. Le terme pécheur qui lui fut appliqué renferma tout ce qui était humiliant et honteux. C'était une image négative d'un individu. Par contre, l'expression

« fils d'Abraham » était plus valorisante. Elle était positive en ce qu'elle lie Zachée à la dignité et aux vertus du patriarche Abraham. On peut lire dans les propos de Jésus, une certaine reconnaissance du changement intervenu chez Zachée mais aussi la volonté de l'élever à un statut plus honorable, celui de « fils d'Abraham » et non celui du pécheur.

4. L'expression « fils d'Abraham » comme résultat de la mission de Jésus

L'expression « fils d'Abraham », prononcée par Jésus en faveur de Zachée, est le résultat d'un travail en profondeur qui a commencé lors de sa traversée de Jéricho. Sans son engagement à demeurer dans la maison de Zachée, le discours de Jésus ressemblerait à celui du public habitué à voir en Zachée le pécheur de Jéricho, incapable de se repentir et indigne du salut. Cette action de Jésus était dictée par sa mission, celle de chercher et sauver ce qui est perdu (Luc 19. 10). C'était la raison pour laquelle Jésus franchissait les obstacles érigés en termes de préjugés sociaux, culturels et religieux. Il a ainsi marqué un pas décisif pour une mission de salut en faveur de Zachée, d'où sa qualification comme « fils d'Abraham ».

D. Implications de l'expression pour l'Eglise

Il convient maintenant de considérer l'application de cette leçon dans le milieu ecclésial de notre temps. Luc a décrit un fait réel dans le ministère terrestre de Jésus, parmi les enfants d'Israël, descendants biologiques d'Abraham. Les chrétiens des nations non-juives du XXIème siècle deviennent « fils et filles d'Abraham » dans le sens spirituel, par la foi en Jésus. Cette conception est bien développée dans les écrits de l'apôtre Paul (Galates 3. 7).

Cependant, l'Eglise, porteuse du message de salut, continue la mission lui confiée par le Christ, qui consiste à annoncer en son nom la repentance et le pardon des péchés à toutes les nations (Luc 24. 47).

Toutefois, certaines des implications susceptibles d'être actualisées pour l'Eglise du XXIème siècle nécessitent d'être mentionnées. Elles découlent d'une part de la personne de Zachée, le collecteur d'impôts en chef, qui est présenté comme le « fils d'Abraham », et d'autre part de la réaction de Jésus, l'initiateur de l'expression « fils d'Abraham » appliquée à Zachée.

De l'attitude et de la réaction de Zachée, l'Eglise aura besoin de comprendre que la réhabilitation d'un pécheur se fait après l'expression de sa repentance. Luc n'a certes pas présenté une scène dans laquelle Zachée s'était 'humilié en confessant ses péchés. Cependant, la résolution de rembourser au quadruple les personnes spoliées ainsi que le partage de la moitié de ses biens avec les pauvres (Luc 19. 8) se comprend comme une expression de sa repentance. La repentance est une étape cruciale et incontournable pour la personne en quête de la restauration dans sa rencontre personnelle avec Jésus.

L'action de Jésus devait être une source d'inspiration aux leaders et à leurs communautés chrétiennes. Ceux-ci devront avoir à l'esprit le but de leur mission terrestre. Celle-ci a pour cibles non pas les justes mais des personnes connues comme des pécheurs et qui, en raison de leurs choix mauvais et leurs pratiques pécheresses par rapport aux Saintes Ecritures, sont indésirables dans les assemblées des saints. Par « pécheurs » nous entendons ici des non-chrétiens chrétiens mais aussi rétrogrades, qui, tout en étant chrétiens vivent à la manière des païens. L'Eglise, à l'instar de Jésus, devra être sensible aux signes de la repentance exprimée par ces « pécheurs ». Elle devra par conséquent leur offrir l'hospitalité dans la communauté. Cette acceptation peut être exprimée par des attributs et expressions de type « fils d'Abraham ». On devra se garder des attitudes et des attributs exclusifs, qui exacerbent la stigmatisation, au profit de ceux qui sont appropriés pour la réhabilitation sociale et religieuse des sujets dans la communauté chrétienne.

Conclusion

Pour l'évangéliste Luc, le patriarche Abraham était une figure illustre dans l'histoire d'Israël, le symbole de l'unité du peuple élu. Les personnes qui vivaient en désaccord avec les valeurs du patriarche étaient considérées comme « pécheurs » et en marge de la société. La mission salvifique de Jésus rencontra le pécheur et lui apporta la restauration dans la filiation abrahamique. A cela s'ajouta la certitude du salut. L'expression fils d'Abraham exprime la restauration après la repentance. Cette dernière se présenta comme une exigence de la restauration dans la filiation abrahamique et dans le plan du salut en Jésus. Le salut est donc pour tous les peuples et passe par l'accueil du message de Jésus. L'Eglise est continuatrice de la mission de Jésus pour la restauration du pécheur dans la communauté.

HEBREUX 1.1-4 : IDENTIFICATION DES PAROLES DIVINES. APPORT DE LA FONCTION RHETORIQUE D'INTEGRALITE

Kuzundelu Gbaelemo Ngao
bkuzundelu@yahoo.fr

Résumé

L'Épître aux Hébreux est introduite par une longue phrase dont la clause principale est : « Dieu a parlé ». Cette expression a fait objet de maintes investigations. Cet article s'allie aux efforts pour identifier la parole prononcée par Dieu. Les éléments d'étude sont réunis au moyen du procédé nommé « la fonction rhétorique d'intégralité » ; et l'analyse répond aux exigences de la méthode historico-grammaticale. Selon cette recherche, la parole de Dieu dont il s'agit dans Hé. 1.1-2 concerne l'annonce de la Nouvelle Alliance, à travers les prophètes, et son accomplissement en Jésus-Christ.

1. Introduction

Dans Hé. 1.1-2, nous lisons : « Dieu ayant parlé aux pères dans les prophètes … en ces derniers jours nous a parlé dans le Fils, ». Plusieurs érudits ont souligné l'importance de cette locution. Selon F. F. Bruce, cette expression servirait de fondement pour l'argumentation du livre et aussi pour la foi chrétienne.[23] Pour David Abernathy, la locution « *God has spoken to us through His Son* » est l'un des thèmes principaux d'Hébreux.[24] Or, cette locution incite à identifier les paroles exactes émises par Dieu en ces occasions, d'ailleurs difficiles à cerner. Selon Gene Smillie, l'expression, « Dieu a parlé par le Fils », ne renverrait pas à des paroles particu-

---

[23] F. F. Bruce, *The Epistle to the Hebrews*, Grand Rapids, Eerdmans, 1990, p. 45.

[24] David Abernathy, « 'God has spoken through His Son' : The Theology of Sonship in Hebrews 1 », in *DavarLogos* 3/1 (2004), p. 23.

lières, mais à l'ensemble de la révélation de Dieu dans le NT.[25] Par contre nous pensons que cette expression concernerait des paroles précises dans Hébreux.

Les chercheurs éprouveraient une difficulté de méthode. Or ces paroles ne sont pas cachées, mais inscrites dans le livre. Nous les identifierons par les techniques de la fonction rhétorique d'intégralité. Selon Jan de Waard et Eugene Nida, tout texte contiendrait « tout ce dont il a besoin pour atteindre son objectif, sans impliquer qu'il soit explicite dans chaque détail » ; dans un texte, il ne serait pas obligatoire de raconter ce que les interlocuteurs connaissent déjà.[26] Tel est le présupposé de base pour la fonction rhétorique d'intégralité. En vertu de ce principe, le livre d'Hébreux contiendrait tout ce qu'il faut pour cerner les paroles auxquelles Hé. 1.1-4 fait allusion. Nous engageons notre réflexion dans cette optique.

2. Identification des paroles de Dieu prononcées par les prophètes

2.1. Principal objectif de la réflexion

Jadis, l'expression : « Dieu ayant parlé aux pères dans les prophètes … en ces derniers jours nous a parlé dans le Fils » (Hé. 1.1-2), fut débattue pour cerner le mode de communication entre Dieu et les prophètes : Dieu leur avait-il parlé de vive voix ? Ou bien la parole fut-elle générée dans leur pensée, aux vues des faits ? Ces débats ne nous propulsent pas, car notre défi n'est pas le mode de la communication entre Dieu et les prophètes, mais plutôt la découverte du contenu de la parole prononcée par les prophètes et le Fils, comme venant de Dieu.

---

[25] Gene Smillie, « The One Who Is Speaking in Hebrews 12 : 25 », in *Bibliotheca Sacra* 55/2 (2004), p. 279.

[26] Jan de Waard et Eugene Nida, *D'une langue à une autre*, Villiers-le-Bel, Société biblique française, 2003, p. 75.

2.2. Paroles de Dieu aux prophètes : difficulté d'identification

Apparemment, l'analyse syntaxique d'Hé. 1.1-4 rencontre d'énormes obstacles pour accéder aux paroles prononcées par Dieu à travers les prophètes. Selon Albert Vanhoye, l'auteur d'Hébreux n'a pas précisé l'énoncé dont il s'agit en Hé. 1.1-4.[27] Pour Neva F. Miller,[28] Bénétreau,[29] et R. Kent Hughes,[30] le terme « prophètes » indiquerait les prophètes 'officiels' et d'autres personnes, dont Abraham et même des anges. Selon eux, à différentes occasions, Dieu avait parlé à des personnages distincts par des voix audibles ou encore par des miracles. En définitive, il est difficile de cerner une parole précise qui ferait l'objet de ce dont il s'agit en Hé. 1.1-4. Devant ce défi, les chercheurs se sont limités à proposer des pistes de solution.

2.3. Pistes de solution

Pour relever le défi, des experts ont proposé des pistes de réflexion. Selon Bénétreau, les paroles de Dieu aux prophètes sont antérieures à celle du Fils, mais aussi dans un rapport de continuité.[31] Ian Pennicook est aussi d'avis qu'il y a une continuité.[32] Selon Jean Calvin, en remplaçant les prophètes par le Fils, Dieu n'apportait pas une nouvelle révélation, plutôt il avait exprimé la conclusion des oracles faits par des prophètes. Toutefois, Calvin n'avait pas révélé l'objet des oracles.[33] Pour Lane, la parole de Dieu adressée au Fils pourrait servir de piste pour retrouver les paroles adressées aux prophètes.[34] Ainsi, nous voudrions identifier la parole

---

[27] Albert Vanhoye, *La situation du Christ. Épître aux Hébreux 1 et 2,* Paris, Cerf, 1969, p. 53.

[28] Neva F. Miller, *The Epistle to the Hebrews : An Analytical and Exegetical Handbook*, Dallas, Summer Institute of Linguistics, 1988, p. 2.

[29] Samuel Bénétreau, *L'épître aux Hébreux*, t. 1, VAUX-sur-SEINE, Edifac, 1989, pp. 63-64.

[30] R. Kent Hughes, *Hebrews*, vol. 1, Wheaton, Crossway Books, 1993, p. 21.

[31] Bénétreau, *L'épître aux Hébreux*, t. 1, pp. 63-64.

[32] Ian Pennicook, *The Shadow and the Substance : A Commentary on the Letter to the Hebrews*, Blackwood, New Creation Publications Inc., 2004, p. 1.

[33] John Calvin, *Commentaries on the Epistle of Paul the Apostle to the Hebrews*, Grand Rapids, Baker Book House Company, 1984, p. 33.

[34] Lane, *Hebrews 1-8,* p. 11.

du Fils adressée aux pères pour entrevoir la possibilité d'identifier la parole adressé aux prophètes.

3. Parole du Fils

Dans le texte original, l'expression « Dieu … en ces derniers jours nous a parlé dans le Fils » (Hé. 1.1-2) montre que ce fut en une seule fois et sans répétition que le Fils prononça la parole que nous recherchons. Selon Bénétreau, « la dernière parole [du Fils] a donc retenti, à un moment précis et limité : les destinataires comme l'auteur peuvent se tourner vers un passé, sans doute encore récent, et entendre ce qui a été communiqué ».[35] Pourtant Bénétreau n'a pas identifié la parole en vue. Bien que la vie terrestre de Jésus soit séparée de la rédaction d'Hébreux de moins d'un demi-siècle, cet intervalle de temps si bref n'a pas permis de cerner les paroles prononcées par le Fils. Il faut des efforts pour y parvenir.

3.1. Processus d'identification des paroles prononcées par Dieu au Fils

Probablement la parole du Père aux Hommes à travers le Fils, pourrait déboucher sur les paroles de Dieu adressées aux Hommes dans/par les prophètes. Or, au début de la réflexion, un autre défi s'érige : l'auteur d'Hébreux n'était pas un témoin direct de la parole du Fils. Il avoue avoir entendu parler le Fils (Hé.1.2) à travers des témoins primaires non révélés (Hé. 2.3). Ses informations relèvent donc de la tradition orale. Ainsi, pour nous, son livre reste l'unique source qui nous permet d'identifier ce qu'il aurait entendu du Fils. Dans ce livre, l'auteur a signalé des paroles du Fils de deux manières. Dans Hé.1.1 et 2.3, il y a fait allusion, sans en livrer un contenu. Dans Hé. 2. 12, 13a, 13b ; et 10. 5-7, nous rencontrons des paroles du Fils en citations directes. Nous voulons analyser les passages où l'auteur avait cité des paroles du Fils.

En effet, les seules occasions où l'auteur d'Hébreux avait noté des paroles précises du Fils sont consignées dans Hé. 2. 12-13 et 10.5-7. Lane a noté que, pour les paroles importantes, l'auteur

---

[35] Bénétreau, *L'Épître aux Hébreux,* t. 1, pp. 62 et 63.

d'Hébreux révèle les émetteurs, même sous forme grammaticale.[36] Néanmoins, en empruntant des citations directes, l'auteur d'Hébreux voudrait ainsi attester l'originalité et l'importance des paroles attribuées aux Fils. Nous ne disons pas que les paroles du Fils rapportées dans cette épître soient les seules que l'auteur ait connues. Toutefois, il doit avoir fait une sélection pour ne citer que des paroles compatibles à la rédaction de son livre. Dans Hé. 2. 12-13 et 10.5-7, il a écrit ce qu'il avait entendu chez des témoins comme venant du Fils. Nous devons étudier les deux passages afin de cerner leur pertinence au sein du livre.

3.1.1. Hé. 2.12-13

Le texte d'Hé. 2. 12-13 met la foi du Fils en exergue. Il évoque une réunion du Ps. 22.23[37] et Es. 8.17.[38] Son contexte immédiat (Hé. 2.11 et 14) permet de comprendre que son objet porte sur le fait que Christ s'identifie aux êtres humains. Selon Hé. 2.11 et 14, il est évident qu'Hé. 2.12-13 avait été inscrit en ce lieu précis pour marquer l'identité entre le Fils et les Hommes. Dans le même passage, le Fils a prédit qu'il annoncerait le nom du Père à ses frères ; aussi il s'est adressé au Père pour lui avouer son engagement. Ce n'est pas une parole adressée aux Hommes : le fils a promis au Père ce qu'il ferait aux Hommes. Cette prédiction n'a pas révélé ce que le Fils aurait dit pour faire connaître le Père aux frères. Ainsi, nous devons explorer le second passage portant la dernière parole du Fils.

3.1.2. Hé. 10.5-7

En Hé. 10.5-7, le Fils s'est présenté en tant que l'objet d'un projet déjà annoncé et qui devrait se réaliser. Dans ce passage, la prophétie est évidente, dans sa dimension prédictive. Les paroles du Fils en Hé. 10. 7 sont les suivantes : « Alors j'ai dit : Voici je viens, dans le rouleau du livre il est écrit à mon sujet pour faire ta volonté, ô Dieu ». Elles s'apparentent au Ps. 40.7-9 (LXX, Ps. 39:7-8). Dans

---

[36] Lane, *Hebrews 1-8*, p. cxvii.

[37] Psaume 22.23 : « Je vais redire ton nom à mes frères et te louer en pleine assemblée … ».

[38] Esaïe 8.17 : « J'attends le SEIGNEUR qui cache sa face à la maison de Jacob, j'espère en lui ».

ces deux textes presque identiques, le psalmiste (Psaume 40) et le Fils (Hébreux 10) poursuivent le même but, celui de faire la volonté de Dieu. Leur différence réside dans la manière de comprendre leurs implications respectives. La comparaison suivante la révèle.

Dans le Psaume 40.7, le texte massorétique a écrit ceci : זֶבַח וּמִנְחָה לֹא־חָפַצְתָּ אָזְנַיִם כָּרִיתָ לִּי עוֹלָה וַחֲטָאָה לֹא שָׁאָלְתָּ׃ . La Traduction œcuménique de la Bible (TOB) l'a rendu en ces termes : "Tu n'as voulu ni sacrifice ni offrande, - tu m'as creusé des oreilles pour entendre - tu n'as demandé ni holocauste ni expiation". La traduction de la LXX de ce verset est celle-ci : θυσίαν καὶ προσφορὰν οὐκ ἠθέλησας ὠτία δὲ κατηρτίσω μοι ὁλοκαύτωμα καὶ περὶ ἁμαρτίας οὐκ ᾔτησας (Ps. 39.7). La parole du Fils correspondante est celle-ci: Διὸ εἰσερχόμενος εἰς τὸν κόσμον λέγει, Θυσίαν καὶ προσφορὰν οὐκ ἠθέλησας, σῶμα δὲ κατηρτίσω μοι (Hé. 10.5). La traduction basée sur les textes massorétiques du Ps. 40.7-9 se lit comme ceci : « Tu n'as voulu ni sacrifice ni offrande, mais tu m'as ouvert les oreilles ». Or, en Hé. 10.5, on lit ce qui suit : « Il dit : Tu n'as voulu ni sacrifice ni offrande, mais tu m'as formé un corps ».

Ces deux passages sont presqu'identiques dans leur première partie : « Tu n'as voulu ni sacrifice ni offrande ». Par contre, dans leur deuxième partie ils sont différents. Pendant que le Ps. 40.7-9 parle de l'ouverture des oreilles, Hé. 10.5 désigne la formation d'un corps. S'il faut chercher des liens entre ce passage d'Hébreux et ses correspondants dans le texte massorétique, ou dans la LXX, nous posons le problème en ces termes : En prononçant ces paroles, le Fils (Jésus) avait-il fait une citation ou bien il avait exprimé une situation personnelle à lui ? En Hé. 10.5-7, l'auteur du livre avait attribué sa déclaration au Fils, sans insinuer que la déclaration vienne de l'AT.[39] Cette divergence exige une réflexion.

---

[39] Par rapport aux paroles de Jésus dans le NT, on en trouve quelques-unes telles qu'il est difficile que Jésus les prononce en tant que rappel d'un texte antique, mais bien en tant qu'une réalité existentielle, une parole qui exprime la réalité de sa vie. Nous pensons que le cri Ελωι ελωι λεμα σαβαχθανι; (Mon Dieu, mon Dieu, pourquoi m'as-tu abandonné ? », dans Mc 15. 34 et Mt. 27. 46, ne soit pas une simple citation de Ps. 22.2, mais bien un cri réaliste et existentiel de Jésus lui-même.

Considérant le contexte du Ps. 40.7-9, Hans-Joachim Kraus[40] et Peter C. Craigie[41] pensent ce texte ne concerne pas la suppression du sacrifice, mais plutôt il concerne la prise de conscience par le roi de pouvoir annoncer la voie du salut telle que le Seigneur avait donnée aux Hommes. Le psalmiste avait reçu le rouleau écrit pour lui. Comme les rouleaux faisaient objet de lectures publiques, le roi aurait entendu de ses oreilles et compris plutôt que ce dont Dieu avait besoin était l'obéissance à la volonté de Dieu. Par contre, en Hé. 10.7, malgré les similitudes formelles avec le Ps. 40.7-9, il existe des oppositions très importantes à relever. Quant à Bénétreau, « le Christ peut lire sa vocation » à travers ces écrits de l'AT.[42] Dans les écrits d'Hébreux, Dieu n'avait validé ni les sacrifices ni les offrandes. Cette abolition avait occasionné que le Fils supprime le premier sacerdoce pour en établir un autre (Hé. 10. 9b). Dans ce dernier sacerdoce, le sacrifice requis était le corps même du Fils. Le Fils est l'objet même des écrits de l'Ancien Testament. Nous comprenons qu'en Hébreux, le Fils n'avait pas fait une reproduction des paroles anciennes, mais il s'en était approprié et les avait prononcées de manière personnelle, pour sa propre existence.

Après une critique textuelle, Ronald H. van der Bergh a jugé que le terme « ὠτία, dans le texte de Rahlfs dans LXX Ps 39 : 7, devrait plutôt être considéré comme σῶμα, car cette lecture est plus susceptible d'être originale ».[43] Selon lui :

> *It has further been shown that at least three of these changes were intentional. These changes serve to highlight what the author of Heb saw as important in this text. An analysis of the context and of the author's own exposition of these verses show that the changes were made not to emphasize the Messiah as such, but in order to emphasize the im-*

---

[40] Hans-Joachim Kraus, *Psalms 1-59 : A Continental Commetary*, Minneapolis, Fortress Press, 1993, p. 427.

[41] Peter C. Craigie, *Psalms 1-50*, Waco, Word Books, 1983, p. 315.

[42] Samuel Bénétreau, *L'Épître aux Hébreux*, t. 2, VAUX-sur-SEINE, Edifac, 1990, p. 101.

[43] Ronald H. van der Bergh, « A Textual Comparison of Hebrews 10:5b-7 and LXX Psalm 39:7-9 », in *Neotestamentica* 42/2 (2008), p. 379.

portance of God's will and Christ's obedience to this will.[44]

Quant à Simon Kistemaker : « *Only Christ could fulfill the words of this citation to the fullest extent* ».[45] Lane a remarqué qu'en Hébreux, l'AT est cité sous forme anonyme et que pour les textes à caractère autoritaire, les locuteurs sont nommément désignés, même sous forme grammaticale. C'est avec ces précisions que l'auteur a indiqué des paroles de Dieu, celles du Fils et du Saint-Esprit.[46] Dans ce sens, les paroles du Fils exprimées en discours direct sont des paroles exactes, précédemment attribuées au Fils et parvenues à l'auteur d'Hébreux. Selon Bénétreau, la parole du Psaume 40 qu'on lit dans Hé. 10. 5-7 devrait être comprise en tant que celle du Christ : « L'épître voit ici l'expression de l'obéissance personnelle du Christ qui, entrant dans le monde, livre le sens de sa mission ».[47] Ainsi, pour marquer que ces paroles sont celles du Fils, l'auteur les avait écrites en discours direct. Pour les citations de l'AT, Lane a remarqué que « *this manner of presenting the OT text is without parallel elsewhere in the NT* ». Ainsi, les paroles qu'on rencontre en Hé. 10.5-7 sont attribuées au Fils.

George H. Guthrie reconnaît que le Fils s'était approprié le Ps. 40.7-9, en y ajoutant deux éléments distinctifs.[48] Cet avis est admissible, car pour le psalmiste, il s'agissait « d'ouvrir les oreilles », mais selon beaucoup d'autres experts, la LXX aurait mal

---

[44] Ibid., 380.

[45] Simon Kistemaker, *The Psalm Citations in the Epistle to the Hebrews*, Amsterdam, Wed. G. van Soest N. V., 1961, pp. 57 et 87.

[46] William L. Lane, *Hebrews 1-8*, t. 1, Dallas, Word Books, 1991, p. cxvii.

[47] Bénétreau, *Épître aux Hébreux,* t. 2, p. 99. On peut noter un exemple éloquent de l'appropriation de la parole du Psaume par le Fils de Dieu en comparant le Ps. 22.2 אֵלִי אֵלִי לָמָה עֲזַבְתָּנִי (BSH), tel que traduit par la LXX dans le Ps 21.2 ὁ θεὸς ὁ θεός μου et Mc 15.35 (cf. Mt. 27.46) Mc 15.34 Ἐλωΐ, Ἐλωΐ, λιμὰ σαβαχθανι; Ὅ ἐστιν μεθερμηνευόμενον, Ὁ θεός μου, ὁ θεός μου, εἰς τί με ἐγκατέλιπες; Lorsque Jésus avait crié à la croix, il s'agissait plutôt d'un cri existentiel et non pas une simple restitution de Ps 22.2.

[48] George H. Guthrie, « Hebrews », in G. K. Beale et D. A. Carson, sous dir., *Commentary on the New Testament Use of the Old Testament*, Grand Rapids, Baker Academic, 2007, p. 977.

traduit ou recouru à une tradition différente du texte massorétique. Nous pensons que l'expression « σῶμα δὲ κατηρτίσω μοι, tu m'as formé un corps (Hé. 10.7) », n'est pas une simple citation de l'AT. Il s'agit d'une expression personnelle et existentielle. Elle est conforme au contexte littéraire d'Hébreux, où l'auteur avait réfléchi en termes de l'incarnation du Fils. Dans ce sens, Timothy Bertolet reconnaît que l'auteur d'Hébreux sélectionne et cite des textes de l'AT en vertu de leur contribution à la théologie qu'il voudrait communiquer.[49] Aussi Derrell L. Bock affirme :

New Testament alterations of the Old Testament texts were neither arbitrary changes to create fulfillment in the New Testament nor reflections of later church theology placed back anachronistically into the lips of Jesus or the early church: rather they reflect accurate biblical theological considerations of the New Testament authors on the original Old Testament texts.[50]

Dans Hébreux, cette précision en discours direct est l'unique section portant une parole spécifique prononcée par le Fils. Il faudrait établir des rapports entre cette parole du Fils et les multiples oracles prophétiques antérieurs à l'incarnation du Fils, mais qui se trouveraient repris par l'Épître aux Hébreux. Nous voulons entreprendre cet effort à travers l'étude de lien entre λαλήσας et ἐλάλησεν.

3.2. Rapport entre « ayant parlé » et « a parlé » en Hé.1.1-4

Des chercheurs ont pensé à une continuité entre les verbes λαλήσας (ayant parlé) et ἐλάλησεν (a parlé). Pour BÉNÉTREAU, la continuité entre ces deux verbes est assurée par le fait que c'est le même Dieu qui avait parlé dans le passé et aussi dans les derniers jours.[51] Dans Hé. 1.1-4, Dieu avait laissé les prophètes de côté et

---

[49] Timothy Bertolet, « Hebrews 5:7 as the Cry of the Davidic Sufferer », in *In die Skriflig* 51, 1 (2017), p. 1.

[50] Darell L. Bock, « Evangelicals and Use of the Old Testament in the New, Part 2 », in *Bibliotheca Sacra* 142/568 (1985), p. 316.

[51] Ibid., p. 62.

avait instauré le Fils, comme son dernier canal de communication. La question reste posée : Quel était le message ? Dieu l'avait-il maintenu ? Nous pensons qu'en Hébreux, une application de la fonction d'intégralité permettrait de découvrir la parole dont il s'agit. Nous avons montré que la dernière parole du Fils, celle qui fut objet de la réflexion dans Hébreux, était inscrite en Hé. 10.5-7. Nous voudrions étudier la possibilité de la continuité entre cette parole du Fils et celle de Dieu prononcée par les prophètes.

Le texte en Hé. 10.5-7 a repris les paroles que le Fils avait prononcées au début du processus de son entrée dans le monde. À ce moment-là, le Fils a attesté avoir pris un corps pour entrer dans le monde et pour faire la volonté du Père. Aussitôt, en Hé. 10.8-14, l'auteur avait commenté les paroles du Fils et avait mis son discernement à l'évidence. À la fin de son commentaire, en Hé. 10.15, il a clarifié que le Saint Esprit avait mis cette déclaration du Fils en rapport avec l'accomplissement de la Nouvelle Alliance (Hé. 10.16-17). Ceci révèle que, dans la pensée de l'auteur d'Hébreux, la parole du Fils en Hé. 10.5-7 était une introduction à la déclaration relative à la Nouvelle Alliance en Hé. 10.16-17. Or, cette Nouvelle Alliance, que le Fils avait endossée en Hé. 10.5-7, rappelle une parole prophétique précise en Hé. 8.8-12 en rapport avec le contexte initial de la Nouvelle Alliance. Il est clair que la parole du Fils, dans Hé. 10.5-7, débouche sur une déclaration prophétique d'Hé. 10.16-17 et que les deux se rapportent à un même thème, la Nouvelle Alliance. Ceci permet de soutenir une continuité entre λαλήσας (ayant parlé) et ἐλάλησεν (a parlé).

En tout cas, rien ne permet de dire que l'auteur d'Hébreux ait connu l'un de quatre Evangiles. Donald A. Hagner a écrit :

> *In the beginning of the church was the word, but the word of the gospel was oral, a living word (viva vox) rather than a written one. Although it is very difficult to know with certainty, the Gospels in our NT probably began to be written some time in the 60s, a generation after the death of Jesus.*[52]

---

[52] Donald A. Hagner, *The New Testament : A Historical and Theological Introduction*, Grand Rapids, Baker Academic, 2012, p. 105.

L'auteur d'Hébreux a l'habitude d'indiquer les sources de ses informations. Il a avoué connaître Jésus à travers la tradition orale (Hé. 2. 3). Or, selon Harry Y. Gamble, les auteurs des Evangiles auraient recouru à la tradition orale.[53] Cela implique que l'auteur d'Hébreux aurait eu la source orale en partage avec les auteurs des Evangiles. En donnant une forme écrite à l'oralité, les Evangiles sont unanimes sur la déclaration de Jésus concernant la Nouvelle Alliance : Ce fut à l'institution de la Sainte Cène que Jésus déclara que son sang était le sang de l'Alliance (Mc 14. 24 ; Mt. 26. 28), le sang de la Nouvelle Alliance (Lc 22. 20). Paul a tenu le même langage (1Co. 11. 25), mais sa source est tributaire d'une révélation (1Co. 11.23), distincte de la tradition orale. Si Matthieu peut avoir entendu lui-même le Seigneur cette nuit-là, Marc et Luc devaient apprendre la parole du Seigneur à travers la tradition orale. Dans tous les cas, la parole disant que le sang du Fils est « le sang de la Nouvelle Alliance » ne peut être attribuée à personne d'autre qu'au seul Fils de Dieu, à l'unique occasion de l'institution de la Sainte Cène. L'auteur d'Hébreux a exprimé cet événement par un verbe en aoriste, le temps grec employé pour une action ponctuelle. Ce lien entre Hé. 10. 5-7 et 8. 8-12 a débouché sur le message prophétique de Jé. 31. 31-34. Aussi dans l'AT, d'autres textes de Jérémie (Jé. 32. 39-40 ss) et d'Ezékiel (Ez. 36.26-29) suggéreraient des propos relatifs à la Nouvelle Alliance. Femi ADEYEMI pense que :

> La nouvelle alliance peut être indiquée par les termes "alliance éternelle" (Ésaïe 24 : 5 ; 55 : 3 ; 61 : 8 ; Jér. 32 : 40 ; 50 : 5 ; Ezek. 16 : 60 ; 37 : 26) ; "une alliance de paix" (Esaïe 54 : 10 ; Ezek. 34 : 25) ; "une alliance "(Esaïe 49 : 8 ; Osée 2 : 18) ; et "Mon alliance" (Esaïe 59 : 21). De plus, Dieu a dit à Ezéchiel qu'il donnerait à son peuple "un cœur" et "un nouvel esprit en eux" et "ils seront mon peuple, et je

---

[53] Harry Y. Gamble, « The New Testament Canon : Recent Research and the Status Quaestionis », in Lee Martin McDonald et James A. Sanders, sous dir., *The Canon Debate*, Peabody, Hendrickson Publisher, 2000, p. 279.

serai leur Dieu "(Ezek. 11: 19-20) et il leur donnera"
un nouveau cœur et un nouvel esprit " (18 : 31).[54]

La réflexion de ADEYEMI donne à penser que la Nouvelle
Alliance fut annoncée plusieurs fois (πολυμερῶς, à maintes reprises)
et de différentes manières (πολυτρόπως, de plusieurs manières). Or,
Robert Martin-Achard pense que les liens entre Es. 42.6 ; 49.8 ;
55.3 ; Ez. 16.59-63 ; 34.25-30 et la Nouvelle Alliance sont encore à
débattre.[55] Du point de vue philologique, le doute de Martin-Achard
serait justifiable. Néanmoins, si on se place dans une optique théolo-
gique, l'avis d'ADEYEMI serait plus acceptable. Par le passé et en
différents moments, Dieu avait présenté plus d'une forme d'alliance
avec les êtres humains. Nous pouvons noter l'alliance avec Noé (Gn.
6.18 ; avec Abraham (Gn. 17. 19) ; avec Isaac, avant qu'il ne soit né
(Gn. 17.21) ; avec le peuple juif (Ex. 19. 1-6) et aussi il avait promis
une Nouvelle Alliance (Jé. 31.31). Chaque alliance a été annoncée
une fois, d'une certaine manière et à un moment distinct. Les paroles
inscrites en Ez. 36. 24-28, où il est question d'une alliance de paix,
dans leur pays, s'apparentent à celles de Jé. 31.31. On peut entrevoir
l'usage de πολυμερῶς (à maintes reprises) et de πολυτρόπως (de plusieurs manières). Bref, la continuité entre ἐλαλήσας (participe aoriste) et ἐλάλησεν (indicatif aoriste) consiste en ce que c'est toujours
Dieu qui est à l'œuvre ; il continue de parler de la Nouvelle Alliance. Il l'avait annoncée aux Hommes par le truchement des prophètes et en ces derniers jours il en parle et l'accomplit par le Fils.
Notre devoir est d'établir les effets ou bien les résultats qui découlent de cette continuité.

4. CONCLUSION

Nos analyses ont révélé que la continuité entre ἐλαλήσας (participe aoriste) et ἐλάλησεν (indicatif aoriste) se rapporte au fait que
le même Dieu, qui avait parlé de la Nouvelle Alliance aux Hommes

---

[54] Femi Adeyemi, « What Is the New Covenant 'Law' In Jeremiah 31 : 33? », in *Bibliotheca Sacra* 163 (2006), p. 314.

[55] Robert Martin-Achard, « Permanence de l'Ancien Testament. Recherches
d'exégèse e t de Théologie », in R*evue de théologie et de philosophie* 11
(1984), pp. 158 et 161.

à travers des prophètes, a continué d'en parler à travers son Fils, Jésus. Au fond, la continuité dont il s'agit révèle la manière dont Dieu avait exécuté sa volonté à travers la Nouvelle Alliance. Dans le passé, il l'avait annoncée par des prophètes et l'a accompli par le Fils, dans ces derniers temps.[56] Dieu a changé le canal de la communication, mais le message est conservé. Selon l'auteur d'Hébreux, la réalisation de la Nouvelle Alliance en Jésus relève de la volonté de Dieu (Hé. 10.10).

En définitive, dans l'introduction d'Hébreux (Hé.1.1-4), la proposition principale se rapporte à la Nouvelle Alliance. Or, celle-ci est l'ossature et le but de toute la christologie dans le livre. Le Fils fut introduit dans le monde pour faire la volonté du Père (Hé. 1.6 et 10.7-10). La parole du Père adressée aux Hommes par les Fils était une continuité de celle que le même Père avait adressée aux Hommes par le canal des prophètes. Ce fut le même message, mais il avait atteint son point culminant, son paroxysme, son accomplissement en Jésus. L'objet de ce message persistant est la réalisation de la Nouvelle Alliance, en Jésus-Christ. La fonction rhétorique d'Hé.1.1-4 est de présenter l'origine, le cheminement et l'aboutissement de la Nouvelle Alliance.

BIBLIOGRAPHIE

I. Ouvrages généraux et collectifs

Bénétreau, Samuel, *L'épître aux Hébreux*, 2 t., VAUX-sur-SEINE, Edifac, 1989-1990.

Bromiley, Geoffrey W., sous dir., *ISBE*, vol. 1, Grand Rapids, Eerdmans, 1979.

Bruce, F. F., *The Epistle to the Hebrews*, Grand Rapids, Eerdmans, 1990.

Calvin, John, *Commentaries on the Epistle of Paul the Apostle to the Hebrews*, Grand Rapids, Baker Book House Company, 1984.

---

[56] Le Fils l'a attesté une fois dans Luc 22.20. Quoi que toute l'œuvre du Fils eût visé l'accomplissement de la Nouvelle Alliance, lui-même n'en a parlé qu'une seule fois à l'institution de la Sainte Cène.

Craigie, Peter C., *Psalms 1-50*, Waco : Word Books, 1983.

de Waard, Jan et Eugene Nida, *D'une langue à une autre*, Villiers-le-Bel, Société biblique française, 2003.

Ellingworth, P., « Hébreux » in T. Desmond Alexender et Brian S. Rosner, sous dir., *Dictionnaire de théologie biblique*, Leicester, Inter-Varsity Press, 2000.

Gamble, Harry Y., « The New Testament Canon : Recent Research and the Status Quaestionis », in Lee Martin McDonald et James A. Sanders, sous dir., *The Canon Debate*, Peabody, Hendrickson Publisher, 2000.

Guthrie, Donald, *New Testament Introduction*, Downers Grove : InterVarsity Press, 1990.

Guthrie, George H., « Hebrews », in G. K. Beale et D. A. Carson, sous dir., *Commentary on the New Testament Use of the Old Testament*, Grand Rapids, Baker Academic, 2007.

Hagner, Donald A., *The New Testament : A Historical and Theological Introduction*, Grand Rapids, Baker Academic, 2012.

Hughes, R. Kent, *Hebrews*, vol. 1, Wheaton, Crossway Books, 1993.

Kistemaker, Simon, *The Psalm Citations in the Epistle to the Hebrews*, Amsterdam, Wed. G. van Soest N. V., 1961.

Kraus, Hans-Joachim, *Psalms 1-59 : A Continental Commetary*, Minneapolis, Fortress Press, 1993.

Lane, William L., *Hebrews 1-8*, t. 1, Dallas, Word Books, 1991.

Miller, Neva F., *The Epistle to the Hebrews : An Analytical and Exegetical Handbook*, Dallas, Summer Institute of Linguistics, 1988.

Pennicook, Ian, *The Shadow and the Substance : A Commentary on the Letter to the Hebrews*, Blackwood, New Creation Publications Inc., 2004.

Thompson, James W., *Hebrews*, Grand Rapids, Baker Academic, 2008.

Trocmé, Etienne, « Les premières communautés : de Jérusalem à Antioche » in J.-M MAYER, sous dir., *Histoire du christianisme. Le nouveau peuple (des origines à 250)*, t. 1, Paris, Desclée, 2000.

Vanhoye, Albert, *La situation du Christ. Épître aux Hébreux 1 et 2*, Paris, Cerf, 1969.

II. Revues

Abernathy, David, « 'God has spoken through His Son' : The Theology of Sonship in Hebrews 1 », in *DavarLogos* 3/1 (2004), pp. 23-35.

Adeyemi, Femi, « What Is the New Covenant 'Law' In Jeremiah 31 : 33? », in *Bibliotheca Sacra* 163 (2006), pp. 312-321.

Bertolet, Timothy, « Hebrews 5:7 as the Cry of the Davidic Sufferer », in *In die Skriflig* 51, 1 (2017), https://doi.org/10.4102/ids.v51i1.2286. Consulté le 25 août 2019.

Bock, Darrell L., « Evangelicals and Use of the Old Testament in the New, Part 2 », in *Bibliotheca Sacra* 142/568 (1985), pp. 306-319.

Martin-Achard, Robert, « Permanence de l'Ancien Testament. Recherches d'exégèse et de Théologie », in *Revue de théologie et de philosophie* 11 (1984), pp. 1-412.

Smillie, Gene, « The One Who Is Speaking in Hebrews 12 : 25 », in *Bibliotheca Sacra* 55/2 (2004), pp. 275-294.

van der Bergh, Ronald H., « A Textual Comparison of Hebrews 10:5b-7 and LXX Psalm 39:7-9 », in *Neotestamentica* 42/2 (2008), pp. 353–382

LE TITRE δοῦλος θεοῦ ET LA COMMUNAUTE DE FOI DANS L'APOCALYPSE JOHANNIQUE

Pascal KAYUMBA MUSALO[57]
musalo_230@yahoo.fr

Résumé

Un examen minutieux des contextes de l'emploi du titre δοῦλος θεοῦ (« serviteur de Dieu ») dans l'Apocalypse de Jean[58] démontre que cette expression est une contribution majeure à la compréhension de la dimension communautaire du peuple de Dieu dans ce dernier livre du canon biblique. Cette dimension communautaire est à la fois présente et eschatologique.

Termes clés : δοῦλος θεοῦ, communion, communauté, sceau de Dieu, crainte de Dieu, multiracial, multiculturel, égalité, souffrance, bénédiction, dévoilement, service.

I. Introduction

Le terme δοῦλος (« esclave », « serviteur »[59]) apparaît 14 fois[60] dans l'ApJ. Excepté dans trois occurrences (Ap 6. 15 ; 13. 16 ; 19. 18), ce mot est utilisé métaphoriquement pour désigner ceux (les humains et les anges) qui sont fidèles à Dieu et au Christ. Dans ce sens, ce vocable a explicitement Dieu pour complément deux fois dans l'ApJ (7. 3 ; 15. 3). Cependant, c'est cette même idée qui se

---

[57] Doyen et enseignant du grec, de l'exégèse et de la théologie du Nouveau Testament à la Faculté de Théologie de l'Université Méthodiste au Katanga à Mulungwishi, Haut-Katanga, R. D. Congo.

[58] Désormais, nous désignerons ce livre par l'abréviation ApJ.

[59] Alfons WEISER, « δουλεύω » in *Exegetical Dictionary of the New Testament* (vol. 1 ; trad. Virgil P. HOWARD et James W. THOMPSON ; sous dir. Hortz BALZ et Gerhard SCHNEIDER ; Grand Rapids: Eerdmans, 1990), p. 349.

[60] Apocalypse 1. 1 (deux fois) ; 2. 20 ; 6. 15 ; 7. 3 ; 10. 7 ; 11. 18 ; 13. 16 ; 15. 3 ; 19. 2, 5, 18 ; 22. 3, 6.

trouve dans les autres cas où un adjectif possessif est associé au mot δοῦλος en rapport avec Dieu ou le Christ. C'est pourquoi nous utilisons, de façon générale, l'expression δοῦλος θεοῦ. Ce titre revêt toute son importance dans la désignation du peuple fidèle à Dieu dans l'ApJ, car Jean l'a placé dans les premiers versets du prologue (Ap 1. 1-8 ; v. 1) et de l'épilogue (Ap 22. 6-22 ; v. 6). Dans cette étude, nous allons ajouter au terme δοῦλος son composé σύνδουλος (« co-serviteur ») qui est appliqué aux anges et aux humains trois fois (Ap 6. 11 ; 19. 10 ; 22. 9).

Cet article étudie l'utilisation de l'expression δοῦλος θεοῦ dans l'ApJ, avec l'accent sur la recherche des aspects de la dimension communautaire des chrétiens qui lui sont associés. Ce titre exprime, pour les gens auxquels il est appliqué le service, la loyauté, la dépendance et l'appartenance à Dieu[61]. Il ne comporte pas, en lui-même, une connotation de la communion, sur le plan horizontal, à savoir celui des relations entre les membres de la communauté de foi en Christ. Cependant, sur le plan vertical (la relation avec Dieu), le mot véhicule implicitement un aspect relationnel, car un δοῦλος n'existe pas sans un δεσπότης[62], « maître » (Ap 6. 10). Jean a utilisé l'expression δοῦλος θεοῦ dans plusieurs contextes qui évoquent la dimension communautaire. En s'appliquant à la communauté des chrétiens, cet article contribuera à éclairer l'ecclésiologie de l'ApJ.

II. Source de la force communautaire des δοῦλοι θεοῦ

La source de la force communautaire des δοῦλοι θεοῦ dans l'ApJ est dans leur communion avec Dieu et le Christ. Deux versets (Ap 7. 3 ; 19. 5), qui utilisent le terme « δοῦλος », sont significatifs à ce sujet, car ils impliquent à la fois un lien entre les δοῦλοι θεοῦ et

---

[61] Edwin YAMAUCHI, « Slaves of God », *Bulletin of the Evangelical Theological Society* 9/1 (1966), p. 48-49 ; WEISER, p. 350.

[62] Mot duquel provient le terme français « despote », mais qui ne véhiculait pas au Ier siècle le sens négatif actuel de quelqu'un qui exerce un pouvoir oppressif. Il signifie « quelqu'un qui a le contrôle et l'autorité légale sur des gens comme sujets ou esclaves », « seigneur », « maître » ; cf. Frederick William DANKER, *Greek-English Lexicon of the New Testament and Other Early Literature* (3ème éd. rév. ; Chicago : The University of Chicago Press, 2000), p. 220. Dans le contexte considéré ici, il exprime le contrôle puissant de Dieu.

Dieu et entre eux-mêmes. Nous y relevons l'image du sceau de Dieu et la crainte de Dieu.

A. Même sceau sur le front des δοῦλοι θεοῦ

Le premier aspect à souligner comme source de la force communautaire des δοῦλοι θεοῦ est le sceau de Dieu sur leur front (Ap 7. 3). Selon le contexte immédiat, le sceau indique la protection divine. En effet, Apocalypse 6 décrit l'ouverture de six sceaux, qui constituent une des façons de représenter les jugements de Dieu dans l'ApJ. Ce chapitre se termine par une question empreinte de désespoir (Ap 6. 17). Même si l'expression temporelle μετὰ τοῦτο en Ap 7. 1 n'indique pas la suite chronologique[63], la réponse à cette question est que les δοῦλοι θεοῦ, marqués du sceau de Dieu, peuvent subsister. Ézéchiel 9. 4-6 fournit l'arrière-plan textuel pour ce passage. Le front des personnes qui se lamentaient des abominations en cours dans la ville de Jérusalem devait être marqué d'un signe[64], σημεῖον dans la LXX (Ez 9. 6), à l'approche du châtiment de la ville. De plus, l'usage du terme δοῦλος dans ce contexte d'ApJ renvoie à la pratique antique d'identification des esclaves au moyen de quelque marque[65]. Le marquage du sceau de Dieu indique ainsi la possession et l'appartenance. Les δοῦλοι θεοῦ sont scellés (Ap 7. 3, 4), parce qu'ils appartiennent à Dieu[66]. Ce sceau est l'opposé de la

---

[63] Gregory K. BEALE, *The Book of Revelation: A Commentary on the Greek Text* (coll. The New International Greek Testament Commentary ; Grand Rapids : Eerdmans, 1999), p. 406.

[64] C'est la lettre ת, suggérée par la forme du verbe en hébreu et son objet utilisés dans ce verset, respectivement : תָּוָה et תָּו (littéralement : « marquer une marque »). Ce signe (ת) avait primitivement la forme de la croix (X), selon GESENIUS, *Gesenius' Hebrew-Chaldee Lexicon to the Old Testament* (trad. Samuel Prideaux TREGELLES ; Grand Rapids : Baker Books, 1979), p. 857.

[65] Muhammad A. DANDAMAYEV, « Slavery: Ancient Near East », *The Anchor Bible Dictionary* (sous dir. David Noel FREEDMAN; vol. 6 ; New-York : Doubleday, 1992), p. 59.

[66] Gordon CAMPBELL, « Fidèles de l'Agneau, esclaves du monstre : Identités rivales dans l'Apocalypse de Jean », *Théologie évangélique* 3/1 (2004), p. 46 ; Thomas R. SCHREINER, *New Testament Theology : Magnifying God in Christ* (Grand Rapids : Baker Academic Press, 2008), p. 429.

marque (χάραγμα) sur la main ou sur le front de ceux qui appartiennent à la bête (Ap 13. 16, 17 ; 14. 9, 11 ; 16. 2 ; 19. 20 ; 20. 4).

Le sceau unique sur le front des δοῦλοι θεοῦ assure le lien à deux niveaux : avec Dieu et entre ses δοῦλοι. Ce sceau lie les δοῦλοι θεοῦ à Dieu, qui les protège et qui est leur maître unique. La communauté des δοῦλοι θεοῦ est celle où la souveraineté de Dieu est reconnue. L'image du marquage du sceau de Dieu est exprimée ailleurs et autrement par la marque du nom de l'Agneau et de son Père sur le front des 144.000 en Ap 14. 1 et le port du nom de Dieu en Ap 22. 3-4. Dans ce dernier texte, l'Agneau n'est pas mentionné, mais l'expression « τὸ ὄνομα αὐτοῦ » (au singulier) inclut aussi le nom du Christ comme en Ap 14. 1[67].

Dans le même temps, le sceau de Dieu lie les δοῦλοι θεοῦ entre eux. Ils portent tous le même sceau. L'expression σφραγὶς θεοῦ (Ap 7. 2) manque l'article. Cependant, sur la base du canon d'Apollonius, elle a la même force sémantique que le syntagme ἡ σφραγὶς τοῦ θεοῦ (Ap 9. 4)[68]. C'est le sceau de Dieu. Les δοῦλοι θεοῦ appartiennent tous au même Seigneur et portent l'unique sceau de celui-ci. C'est pourquoi, en Ap 6. 10, ils peuvent s'adresser à lui par le terme δεσπότης et en Ap 6. 11 ils sont décrits comme σύνδουλοι.

Le nom de l'Agneau et de son Père (Ap 14. 1) exprime aussi l'unité du Père et du Fils. Cette unité crée la communion des δοῦλοι θεοῦ. C'est dans l'Évangile de Jean que Jésus a exprimé clairement cette vérité (Jn 17. 11)[69]. À propos de ce verset, A. KÖSTENBERGER a soutenu que l'unité des chrétiens est le résultat de la protection de Dieu et de l'union entre le Père et le Fils[70]. Ce constat reste valable aussi pour la communauté des δοῦλοι θεοῦ dans l'ApJ. La

---

[67] Craig R. KOESTER, *Revelation: A New Translation with Introduction and Commentary* (coll. The Anchor Yale Bible 38A ; New Haven : Yale University Press, 2014), p. 825.

[68] Daniel B. WALLACE, *The Basics of New Testament Syntax: An Intermediate Greek Grammar* (Grand Rapids: Zondervan, 2000), p. 112.

[69] Nous considérons l'apôtre Jean comme l'auteur de ces deux livres ainsi que des trois lettres du NT qui portent son nom.

[70] Andreas J. KÖSTENBERGER, *John* (coll. Baker Exegetical Commentary on the New Testament; Grand Rapids : Baker Academic, 2004), p. 493.

marque de Dieu sur leur front indique aussi leur protection. Celle-ci garantit leur communion avec Dieu, la communion entre eux et l'existence même de la communauté qui craint Dieu.

B. La crainte de Dieu

La crainte de Dieu est aussi un élément fondateur de la communauté des δοῦλοι. En Ap 19. 5, une voix qui sortait du trône appelait les δοῦλοι θεοῦ à louer Dieu. Apocalypse 19. 1-5 célèbre la justice de Dieu et vient après Apocalypse 18, qui décrit la victoire divine sur Babylone.

La voix d'Ap 19. 5 décrit les δοῦλοι θεοῦ de deux manières, à savoir : spirituellement et socialement. Spirituellement, ils sont désignés comme ceux qui craignent Dieu. Il ne s'agit pas de deux groupes[71]. La crainte de Dieu évoque l'idée d'une révérence profonde, de respect profond envers Dieu, avec le sens d'éviter de l'offenser[72]. La crainte de Dieu est la caractéristique des δοῦλοι θεοῦ. C'est le sens du temps présent du participe substantivé οἱ φοβούμενοι. La crainte de Dieu est individuelle, mais elle est le critère qui unit les δοῦλοι θεοῦ entre eux pour former une communauté en relation avec Dieu. Ne peut être membre de la communauté des δοῦλοι θεοῦ que celui qui craint Dieu. Si elle unit la communauté, la crainte de Dieu la sépare dans le même temps des habitants de la terre[73], qui l'ont rejetée. À ceux-ci un appel est adressé : « craignez Dieu » (Ap 14. 7). Socialement, les δοῦλοι θεοῦ sont décrits comme petits et grands (οἱ μικροὶ καὶ οἱ μεγάλοι). Ce mérisme[74] (avec son semblable inversé οἱ μεγάλοι καὶ οἱ μικροί) insiste sur la dimension communautaire dans l'ApJ (11. 18 ; 13. 16 ; 19. 5, 18 ; 20. 12).

---

[71] Mitchell Glenn REDDISH, *Revelation* (coll. Smyth and Helwys Bible Commentary; Macon : Smyth and Helwys, 2001), p. 361.

[72] DANKER, p. 1061.

[73] L'expression « habitants de la terre » désigne souvent dans l'ApJ (3.10 ; 6. 10 ; 8. 13 ; 11. 10 ; 12. 12 ; 13. 8, 12, 14 ; 17. 2, 8) les ennemis de Dieu ; cf. Pierre PRIGENT, *L'Apocalypse de Saint Jean* ; 3ème éd. revue et augmentée ; Genève : Labor et Fides, 2000 (coll. Commentaire du Nouveau Testament XIV deuxième série. Genève : Labor et Fides, 2000), p. 210, note 29.

[74] Figure de style qui consiste à utiliser les extrêmes d'une catégorie pour exprimer sa totalité.

Toutes les classes sociales sont concernées. Devant Dieu, tous sont égaux[75].

Un lien existe entre les deux notions de marque du sceau de Dieu et de crainte de Dieu, qui impliquent à la fois Dieu et l'Homme. La marque de Dieu est la réponse de celui-ci à l'attitude de l'Homme. Cette dernière est exprimée par la crainte de Dieu. Autrement dit, ne peut recevoir la marque de Dieu que celui qui éprouve la crainte de Dieu. Cependant, la marque de Dieu, obtenue par la grâce, maintient la crainte de Dieu dans la vie des δοῦλοι θεοῦ, qui restent réceptifs au message divin.

III. Une communauté réceptrice du message divin

Jean a utilisé l'expression δοῦλοι θεοῦ pour indiquer la communauté chrétienne en tant que cible collective du dévoilement divin. Cette idée est contenue dans le prologue et dans l'épilogue (Ap 1. 1 ; 22. 6).

L'emplacement de l'indication de la communauté des δοῦλοι θεοῦ comme cible du dévoilement dans le prologue et l'épilogue de l'ApJ souligne deux aspects. Le premier est que Jean voulait indiquer la révélation divine comme une grâce offerte à toute la communauté pour son maintien. La révélation était destinée à toute la communauté sans aucune distinction sur le plan de la maturité spirituelle, du statut social ou de la race. Jean a présenté la révélation de Dieu non comme quelque chose d'individuel, mais comme une affaire de la communauté de ceux qui étaient fidèles à Dieu et au Christ. Cet aspect est souligné en Ap 1. 3, qui précise que la révélation devait être délivrée à une communauté chrétienne rassemblée dans le culte. Tous avaient besoin d'être avertis et fortifiés par rapport aux problèmes historiques de l'Asie de la fin du Ier siècle ap. J.-C. Ceux-ci comprenaient surtout le culte impérial et l'accommodation aux pratiques païennes dans la participation aux repas au sein des associations professionnelles.

Le deuxième aspect consiste dans le fait que cette révélation exigeait une réponse de la part des destinataires. Cette réponse,

---

[75] Grant OSBORNE, *Revelation* (coll. Baker Exegetical Commentary on the New Testament ; Grand Rapids : Baker Academic, 2002), p. 667.

même si elle était personnelle, comportait une conduite à tenir dans la communauté. L'idée de montrer aux δοῦλοι θεοῦ ce qui devait arriver implique que ceux-ci devaient y répondre positivement afin de vivre conformément à cette révélation. Cette idée transparaît dans les expressions qui appellent à entendre (Ap 2. 7, 11, 17, 29 ; 3. 6, 13, 22 ; 13. 9 ; 22. 17) ou à avoir de l'intelligence (Ap 13. 18 ; 17. 9). Les deux macarismes (Ap 1. 3 ; 22. 7)[76], qui viennent respectivement après Ap 1. 1[77] et 22. 6, soulignent le bonheur pour ceux qui gardent les paroles prophétiques de ce livre. Dans ces deux béatitudes, l'imminence (« le temps est proche », « je viens bientôt ») est donnée comme la raison pour cette réponse obéissante (Ap 1. 3 ; 22. 7). La conduite des δοῦλοι θεοῦ est donc suscitée, soutenue par la révélation divine et vécue dans la communauté. Les δοῦλοι θεοῦ, qui ont reçu le message en communauté, devaient agir pour le bien d'elle-même et de l'humanité.

IV. Une communauté au service d'elle-même et de l'humanité

Jean a considéré les δοῦλοι θεοῦ comme des personnes qui devaient servir au sein de la communauté et en dehors de celle-ci. L'ApJ ne contient pas d'exhortation explicite adressée aux chrétiens à servir d'autres, mais le livre a des allusions. Le nom διακονία, « service » (Ap 2. 19), implique le service envers les autres. De même, les multiples mentions du terme ἔργον[78], « œuvre », incluent toutes les œuvres rendues à ou contre Dieu, mais aussi en relation avec les humains. Le genre de service que Jean voulait souligner avec le titre δοῦλος θεοῦ, dans l'ApJ, est essentiellement celui de parler de la part de Dieu et plus précisément celui d'avertir. La mission de Jean et le reproche du Christ à l'église[79] de Thyatire en constituent deux illustrations.

---

[76] Ils sont le premier et le sixième macarismes de l'ApJ, qui en compte sept : Ap 1. 3 ; 14. 13 ; 16. 15 ; 19. 9 ; 20. 6 ; 22.7, 14.

[77] Dans le texte grec, les versets 1 et 2 constituent une seule phrase.

[78] Apocalypse 2. 2, 5, 6, 19, 22, 23, 26 ; 3. 1, 2, 8, 15 ; 9. 20 ; 14. 13 ; 16. 11 ; 18. 6 ; 20. 12, 13 ; 22. 12.

[79] Nous utiliserons le mot « église » pour designer une assemblée locale et le terme « Église », dans son acception universelle.

En tant que δοῦλος θεοῦ, Jean a reçu la mission d'écrire de la part de Dieu. C'est auprès des sept églises d'Asie, composées de δοῦλοι θεοῦ, que Jean devait l'accomplir. L'expression « Jean aux sept églises » (Ap 1. 4) exprime le service du premier aux dernières. L'ApJ insiste sur le fait que la mission de Jean n'était pas venue de sa propre initiative, mais de Dieu et du Christ. En Ap 1. 1, la révélation émanait de Dieu (cf. Ap 22. 6). L'ordre d'écrire (γράψον) venait du Christ (Ap 1. 11, 19 ; 2. 1, 8, 12, 18 ; 3. 1, 7, 14), de Dieu (Ap 21. 5), d'un ange (Ap 19. 9) ou d'une voix céleste (Ap 14. 13). En sa qualité de prophète, Jean a joué ce rôle de porte-parole auprès de ses σύνδουλοι.

La communauté des δοῦλοι θεοῦ devait être aussi responsable de ses membres. L'église de Thyatire a failli à ce devoir, car elle a laissé Jézabel séduire les δοῦλοι Χριστοῦ (Ap 2. 20). Dans ce verset, le verbe ἀφίημι a le sens de « laisser quelqu'un faire quelque chose », « permettre », « tolérer »[80]. Il implique que la communauté était bien au courant de l'enseignement de Jézabel, mais elle n'a pas empêché son activité, même si l'église n'a pas adopté sa doctrine comme norme de conduite[81]. Cette tolérance des leaders de l'église de Thyatire était coupable devant le Seigneur, comme G. K. BEALE l'a souligné : « Même s'ils n'étaient pas d'accord avec ses points de vue, les officiels de l'église n'ont pas pensé que ses idées [de Jézabel] étaient assez destructrices pour la discipliner et ne plus admettre son enseignement au sein de l'église. »[82]

Quoiqu'elle ait occupé « une position respectable dans l'église »[83], Jézabel de Thyatire a failli au rôle que l'église attendait d'elle. Elle n'a pas utilisé son influence au service de la communauté des δοῦλοι θεοῦ. Elle n'a pas averti l'église du danger de lier la foi chrétienne aux pratiques païennes. Elle pensait maintenir la communauté chrétienne dans la société en plaidant pour

---

[80] DANKER, p. 157.

[81] George R. BEASLEY-MURRAY, *The Book of Revelation* (coll. The New Century Bible Commentary ; Grand Rapids : Eerdmans, 1981), p. 91.

[82] Gregory K. BEALE, *We Become What We Worship : A Biblical Theology of Idolatry* (Downers Grove : InterVarsity Press Academic, 2008), p. 249.

[83] BEALE, *The Book of Revelation*, p. 261 ; cf. David E. AUNE, *Revelation* 1-5 (coll. World Biblical Commentary 52A ; Dallas : Word Books, 1997), p. 203.

l'accommodation aux valeurs mondaines mais, en réalité, elle était en train de la menacer. Deux conséquences de son enseignement étaient néfastes pour la vie de la communauté sur le plan horizontal comme sur le plan vertical. Sur le plan horizontal, la communauté était divisée en deux groupes principaux : ceux qui suivaient son enseignement et ceux qui étaient restés fidèles au Christ. Jean n'a pas rapporté des tensions entre les deux groupes, mais elles auraient eu lieu[84]. Ensuite, sur le plan vertical, la relation avec le Christ était affectée, parce que le fondement même de la communauté, la communion avec le Seigneur, était compromise. Jézabel soustrayait les δοῦλοι θεοῦ de la communion avec leur Seigneur pour les soumettre à la communion avec les démons, en mangeant les viandes sacrifiées aux idoles[85]. Cette dernière union était dangereuse, car elle était responsable de l'endurcissement du cœur des idolâtres au point de rejeter la repentance, malgré les fléaux (Ap 9. 20-21 ; 16. 9, 11). À cause de son œuvre pernicieuse, Jézabel n'avait aucune relation avec Dieu. Jean et Moïse sont décrits comme δοῦλοι θεοῦ (Ap 1. 1 ; 15. 3) et Antipas, ὁ μάρτυς μου (ὁ μάρτυς τοῦ χριστοῦ , « mon témoin fidèle » [du Christ] ; Ap 2. 13). Jézabel, qui se disait prophétesse, a manqué toute précieuse qualification. Elle ne faisait donc pas partie des prophètes, δοῦλοι θεοῦ (Ap 10. 7 ; 11. 18).

Jean n'a pas reçu seulement le mandat d'avertir l'Église, mais aussi celui de traverser les frontières de celle-ci. Ce rôle particulier de Jean est devenu celui de toute la communauté des δοῦλοι θεοῦ. En Ap 10. 11, Jean a reçu l'ordre de prophétiser (Δεῖ σε πάλιν προφητεῦσαι...) sur beaucoup de peuples, de nations, de langues, et de rois. Le statut de prophète de Jean, δοῦλος θεοῦ, est souligné. En Apocalypse 11, ce rôle prophétique est accordé à toute la communauté chrétienne à travers l'image de deux témoins qui devaient prophétiser aux habitants de la terre (Ap 11. 2-12). Cette image des témoins symbolise la communauté chrétienne dans sa mission pro-

---

[84] Warren CARTER, « Accommodating "Jezebel" and Withdrawing John : Negotiating Empire in Revelation Then and Now », *Interpretation* 63/1 (2009), p. 33.
[85] Cf. 1 Cor 10. 20.

phétique au monde[86]. Les δοῦλοι θεοῦ forment donc une communauté prophétique.

L'origine divine du service des δοῦλοι θεοῦ implique qu'il est à la fois demandé et évalué par Dieu et le Christ. Jean a reçu l'ordre du Christ ; les deux témoins sont envoyés par le Christ ou Dieu (Ap 11. 3) et les anges, δοῦλοι célestes de Dieu, ont été commissionnés par Dieu et le Christ (Ap 1. 1 ; 22. 6, 16). Le reproche fait à l'église de Thyatire (comme aux autres églises) fournit un exemple de l'évaluation faite par Jésus. Les deux éléments combinés (l'envoi et l'évaluation par Dieu et le Christ) servent à susciter la loyauté des δοῦλοι θεοῦ de toutes les races du monde dans leur mission.

V. Une communauté multiraciale et multiculturelle

L'ApJ indique le caractère multiracial et multiculturel de la communauté des δοῦλοι θεοῦ. Le chapitre sept de ce livre illustre ce fait, particulièrement dans l'image des δοῦλοι marqués du sceau de Dieu. Cette description est opérée à deux niveaux : dans la première vision du marquage du sceau de Dieu (Ap 7. 1-8 ; v. 4) et dans la seconde de la célébration de la multitude (Ap 7. 9-17 ; v. 9).

Dans la première vision de ce chapitre, Jean a entendu que ceux qui avaient été marqués du sceau de Dieu étaient les 144.000,

---

[86] Richard BAUCKHAM, *La théologie de l'Apocalypse* (trad. Alain-Marie de LAS-SUS ; coll. Théologies ; Paris : Cerf, 2006), p. 139 ; Craig S. KEENER, *Revelation* (coll. The NIV Application Commentary Series ; Grand Rapids : Zondervan, 2000), p. 300 ; PRIGENT, p. 269, 272, 275 ; Mitchell G. RED-DISH, « Followers of the Lamb : Role Models in the Book of Revelation », *Perspectives in Religious Studies* 40/1 (2013), p. 75. Cependant, entre autres auteurs, Leon MORRIS, *The Revelation of St. John : An Introduction and Commentary* (coll. Tyndale New Testament Commentary ; éd. rév. ; Leicester : Inter-Varsity Press, 1987), p. 143, et John R. YEATTS, *Revelation* (coll. Believers Church Bible Commentary ; Scottdale : Herald Press, 2003), p. 193, ont suggéré qu'il s'agissait plutôt de la partie de l'Église, fidèle jusqu'à la mort, comme les églises de Smyrne et de Philadelphie étaient qualifiées de fidèles parmi les sept d'Apocalypse 2-3. Toutefois, Jean a voulu que toute l'Église fût fidèle au Christ. C'est pourquoi, au moyen de cette image, cet auteur appelait tous les chrétiens, et non une partie, à témoigner au point d'accepter la mort pour le Seigneur, même si tout chrétien ne devait pas forcément subir le martyre.

de toutes les tribus d'Israël (Ap 7. 4). En Ap 7. 3, ceux-ci sont désignés par le titre οἱ δοῦλοι τοῦ θεοῦ ἡμῶν. Le nombre symbolique de 144.000 désigne un grand nombre[87] et la diversité des peuples. Il représente l'Église dans sa totalité, « le peuple chrétien »[88]. Concevoir l'Église dans sa totalité, c'est exprimer aussi sa dimension multiraciale et multiculturelle. Dans le contexte du Ier siècle ap. J.-C., c'était une communauté composée de croyants d'origine juive et ceux d'origine païenne.

Dans la seconde vision du chapitre 7, le caractère multiracial est indiqué clairement dans le verset 9 par l'expression « une foule immense que nul ne pouvait dénombrer, de toutes nations, tribus, peuples et langues ». Ces termes ne sont pas utilisés dans le sens particulier[89], mais dans le sens général, comportant des dimensions raciales, culturelles et linguistiques. Cette foule immense qui célébrait le salut de Dieu constitue une autre manière de désigner les 144.000, mentionnés dans le verset 4 et qui sont les mêmes δοῦλοι θεοῦ du verset 3. En Ap 7. 10, un élément qui indique un lien très fort entre les δοῦλοι θεοῦ est que la communauté, pourtant provenant de toutes les langues, pouvait crier à l'unisson : « Le salut est à notre Dieu qui siège sur le trône et à l'Agneau ». À ce sujet, J. MANGINA a évoqué une scène de « la liturgie des nations » pour la contraster avec la liturgie cosmique (Ap 5. 13)[90]. L'expression ὁ θεὸς ἡμῶν (« notre Dieu »), prononcée par l'ange en Ap 7. 3, est sortie de la bouche de la multitude en Ap 7. 10. Il est le Dieu de toute la communauté multiraciale de ses δοῦλοι. Ce syntagme ὁ θεὸς ἡμῶν est prononcé par les créatures célestes (Ap 4. 11 ; 5. 10 ; 7. 3, 12 ; 12. 10 ; 19. 5), mais il est également associé à l'expression ὄχλος πολύς (Ap 7. 9 ; 19. 1 ; 19. 6), « une foule immense », pour mettre l'emphase sur le Dieu d'une communauté

---

[87] Wilfrid J. HARRINGTON, *Revelation* (coll. Sacra Pagina Series 16 ; Collegeville : Liturgical Press, 1993), p. 98.

[88] PRIGENT, p. 218.

[89] Par exemple, le terme ἔθνος ne se réfère pas simplement aux Gentils, ni le vocable λαός au peuple d'Israël.

[90] Joseph L. MANGINA, *Revelation* (coll. Brazos Theological Commentary on the Bible ; Grand Rapids : Brazos, 2010), p. 113.

multiraciale. L'universalisme[91] de la communauté des δοῦλοι est clairement établi dans l'ApJ.

Cette communauté des δοῦλοι θεοῦ est à la fois inclusive et exclusive. Elle est inclusive dans deux sens. Premièrement, elle est multiraciale, comme nous l'avons mentionné plus haut. Elle englobe tous les rachetés de toutes races, langues et nations (Ap 7. 2-9). Ensuite, elle est inclusive parce qu'elle a pour mission de prophétiser à tous les peuples, tribus, langues et nations (cf. Ap 11. 9). Cependant, elle est aussi exclusive dans le sens suivant. Le sceau de Dieu (Ap 7. 3) et son équivalent du nom de l'Agneau et de son Père sur le front des δοῦλοι θεοῦ (Ap 14. 1) traduisent la communion avec Dieu et le Christ. Ils établissent aussi la séparation d'avec les suiveurs de la bête, marqués de la marque de celle-ci (Ap 13. 16). Néanmoins, cette communauté des δοῦλοι θεοῦ n'est pas destinée à être exclusive. Ses frontières peuvent donc bouger en cas de l'acceptation par les pécheurs de la prédication de ses membres. Si les frontières restent maintenues, c'est parce que les méchants refusent la repentance malgré les fléaux qui leur sont infligés (Ap 9. 20-21 ; 16. 9, 11) et rejettent ainsi l'entrée dans la communauté des δοῦλοι θεοῦ.

Un autre aspect de la dimension multiraciale de la communauté des δοῦλοι θεοῦ dans l'ApJ se trouve dans l'emploi du terme σύνδουλος par l'ange (Ap 19. 10 ; 22. 9). Ce vocable comporte en lui-même la dimension communautaire, avec le préfixe σύν, « avec », qui implique l'idée d'association[92]. Le mot σύνδουλοι est utilisé pour exprimer le lien entre ceux qui sont fidèles à Dieu (les humains et les anges). L'ange et Jean étaient de natures différentes. Le premier était un être céleste et le second, un être terrestre. Cependant, ils étaient σύνδουλοι. L'ange se dit comme tel pour Jean et

---

[91] Ici, l'universalisme n'est pas à comprendre dans le sens de la doctrine selon laquelle tous les êtres humains seront sauvés à la fin et que personne ne connaîtra la colère de Dieu, mais dans le sens de ce que N. T. WRIGHT, « Towards a Biblical View of Universalism », *Themelios* 4/2 (1978), p. 58, a nommé « universalisme biblique », selon lequel « en Christ, Dieu a révélé l'unique voie de salut pour toutes personnes sans tenir compte de la race, du sexe, de la couleur et du statut. »

[92] DANKER, p. 961.

pour ses « frères qui gardent le témoignage de Jésus » (Ap 19. 10), qui sont aussi « ceux qui gardent les paroles de ce livre » (Ap 22. 9). Ces σύνδουλοι, qui viennent de différents arrière-plans et à qui le message de Dieu est adressé collectivement, jouissent d'un même statut devant Dieu.

VI. Une communauté égalitaire

Dans le paragraphe précédent, nous venons de mentionner le terme σύνδουλοι pour souligner la dimension multiraciale des δοῦλοι θεοῦ, partant de l'application du titre à l'ange et à Jean. Nous voulons y revenir pour mettre l'accent sur l'égalité en statut des δοῦλοι θεοῦ en considérant les mêmes versets (Ap 19. 10 ; 22. 9).

Après le dévoilement de l'ange au sujet de Babylone (Ap 17. 1-19. 10) et de la Jérusalem nouvelle (21. 9-22. 9), Jean a été tenté de se prosterner devant lui à deux reprises. L'ange s'est opposé à ce genre d'adoration. Le refus de l'ange est exprimé par l'impératif d'interdiction ὅρα μή, pour indiquer la cessation d'une action en cours[93]. T. STUCKENBRUCK a suggéré que le refus de l'adoration par l'ange pourrait avoir été rapporté pour combattre certaines « attitudes d'angélologie » connues dans les églises auxquelles Jean a écrit[94]. Un problème pareil n'est pas mentionné dans les lettres aux sept églises d'Apocalypse 3-4, et n'était donc pas la préoccupation de Jean, mais une tendance dans ce sens aurait existé[95]. Certains chrétiens de la cité de Colosse, située à 16 km au sud-est de Laodicée, vénéraient les anges[96].

---

[93] Harvey E. DANA et Julius R. MANTEY, *A Manual Grammar of the Greek New Testament* (New-York : The Macmillan Company, 1955), p. 301, 302 ; Frederich BLASS et Albert DEBRUNNER, *A Greek Grammar of the New Testament and Other Early Christian Literature* (éd. rév. ; trad. Robert W. FUNK; Cambridge : Cambridge University Press, 1961), p. 172.

[94] Loren T. STUCKENBRUCK, *Angel Veneration and Christology : A Study in Early Judaism and in the Christology of the Apocalypse of John* (coll. Wissenschaftliche Untersuchungen zum Neuen Testament 2/70 ; Tübingen : J. C. B. Mohr, 1995), p. 256.

[95] Richard BAUCKHAM, *The Climax of Prophecy : Studies on the Book of Revelation* (Edimbourg : T. and T. Clark, 1993), p. 133 ; REDDISH, *Revelation*, p. 365.

[96] Colossiens 2. 18.

Dans l'ApJ, la raison fournie par l'ange pour réfuter l'adoration de Jean était le statut de σύνδουλος qu'il partageait avec ce dernier et ses frères. À ce titre, ils jouissaient tous d'une même position devant Dieu. Ainsi, les textes d'Ap 19. 10 et 22. 9 comportent aussi deux implications pour la communauté des δοῦλοι θεοῦ en Asie. Premièrement, dans les églises, tous les δοῦλοι θεοῦ étaient égaux en statut devant Dieu. Cette égalité n'effaçait pas les positions que les uns et les autres occupaient. L'ange occupait une position différente par rapport à Jean dans le processus de la transmission de la révélation divine, mais les deux étaient σύνδουλοι. Jean était prophète et a communiqué la révélation aux membres des églises, mais il se considérait comme δοῦλος θεοῦ à l'instar de ces derniers. Il est intéressant de noter la façon toute particulière de Jean de désigner ses destinataires et lui-même par le même titre δοῦλος (τοῦ θεοῦ) dès le premier verset de son livre (Ap 1. 1). C'est encore plus captivant de constater une logique inverse par rapport aux autres auteurs des épîtres du Nouveau Testament[97] : il a placé ses destinataires, avec ce titre, avant lui-même dans le premier verset de son livre.

En second lieu, personne ne méritait d'être adoré quelle que fût sa position dans l'église. C'est le sens de la réponse de l'ange au geste (προσκυνέω) de Jean envers lui : « Adore Dieu ». Donc, aucun membre de la communauté des δοῦλοι θεοῦ ne devait recevoir l'adoration, car ils étaient tous égaux. Commentant sur Ap 19. 10, OECUMENIUS a paraphrasé les paroles de l'ange ainsi : « "Essaies-tu de m'adorer, parce que je t'ai dit d'avance les choses qui doivent arriver ? Tous ceux qui témoignent du règne et de la divinité du Christ sont remplis de grâce prophétique et non moi seul. Pourquoi alors", dit-il, "adores-tu celui qui a reçu la même grâce comme mes compagnons esclaves" ? »[98] L'égalité des δοῦλοι θεοῦ les introduisait également dans la participation aux mêmes souffrances et aux mêmes bénédictions.

---

[97] Quoique reconnaissant leurs destinataires comme δοῦλοι θεοῦ, d'autres auteurs ont commencé leurs épîtres en se désignant eux-mêmes par ce titre : Paul (Rm 1. 1 ; Tite 1. 1) ; Jaques (Jc 1. 1) ; Pierre (2 P 1. 1) et Jude (Jude 1. 1).

[98] OECUMENIUS, *Commentary on the Apocalypse* (trad. John N. SUGGIT ; coll. The Fathers of the Church 112 ; Washington : Catholic University of America Press, 2006), p. 162.

VII. Une communauté vouée au même sort

Quoique divinement protégée, la communauté des δοῦλοι θεοῦ dans l'ApJ partage des moments de pression et de souffrance. Cependant, elle jouit aussi des bénédictions divines.

A. Partage des souffrances

Les δοῦλοι θεοῦ dans l'ApJ étaient une communauté des chrétiens soumise, notamment, à la séduction et au martyre. Elle était la cible de l'attaque des puissances cosmiques.

Selon Ap 2. 20, les δοῦλοι Χριστοῦ étaient soumis à la séduction d'une femme symboliquement nommée Jézabel[99] dans l'église de Thyatire. Le reproche de Jésus à celle-ci était de laisser cette femme séduire ses δοῦλοι. Cette séduction consistait à s'accommoder aux pratiques païennes de manger les viandes sacrifiées aux idoles. Le cadre de cette compromission était les associations professionnelles[100], qui constituaient une activité importante de la ville[101]. Cette menace ne concernait pas seulement les chrétiens de Thyatire, mais toutes les églises d'Asie, car le culte impérial, auquel les associations professionnelles étaient liées, représentait un autre moyen d'accommodation pour tous les chrétiens[102]. Le refus de l'accommodation, qui se présentait à la communauté comme une

---

[99] Le nom rappelle celui de la femme du roi Achab d'Israël. Celle-ci promouvait le culte du Baal et avait persécuté les prophètes de Dieu (1 R 16. 31-34 ; 18. 4, 13 ; 19. 1-3). Ses prostitutions (cf. Ap 2. 20) et innombrables sorcelleries sont dénoncées en 2 R 9. 22.

[100] Colin J. HEMER, *The Letters to Seven Churches of Asia in Their Local Setting* (coll. Journal for the Study of the New Testament Supplement Series 11 ; Sheffield : Sheffield Academic Press, 1989), p. 91-92.

[101] Thyatire était la ville qui en possédait plus que toute autre en Asie Mineure, selon William M. RAMSAY, *The Letters to the Seven Churches of Asia and Their Place in the Plan of the Apocalypse* (1904) [consulté le 5 mars 2021]. En ligne : https://www.ccel.org/ccel/r/ramsay/letters/cache/letters.pdf (1904).

[102] Dans beaucoup d'associations, dont celles de métiers, en Asie Mineure, se reflétaient diverses activités du culte impérial. Certaines associations professionnelles avaient même les empereurs pour dieux patrons ; cf. Philip A. HARLAND, « Imperial Cults within Local Cultural Life : Associations in Roman Asia », *Ancient History Bulletin* 17. 1-2 (2003), p. 93, voir aussi la note 27.

voie de survie, exposait les chrétiens à l'ostracisme économique et social[103].

L'ApJ atteste que, quoiqu'appartenant au Christ (cf. Ap 2. 20), les δοῦλοι de celui-ci n'étaient pas immunisés contre la séduction. Celle-ci est décrite comme provenant non seulement de Jézabel, mais aussi du diable (Ap 20. 9-10), le pouvoir réel qui était derrière cette prophétesse. Les rebelles à Dieu étaient aussi soumis à la séduction (Ap 12. 9 ; 13. 14 ; 18. 23 ; 19. 20 ; 20. 3, 8). Cependant, les résultats étaient différents. La séduction entraînait inéluctablement le jugement des impies et du diable, leur séducteur (Ap 20. 8-10). Quant aux δοῦλοι θεοῦ, la séduction n'était pas insurmontable. Si certains ont suivi l'enseignement libéral de Jézabel à Thyatire, toute la communauté ne l'a pas fait. Jésus a, en effet, félicité le reste (οἱ λοιποί) de la communauté de Thyatire qui n'avait pas partagé la doctrine de Jézabel (Ap 2. 24-25).

Le second texte à considérer est Ap 6. 11, qui évoque la mort des δοῦλοι θεοῦ. Ce verset contient le terme σύνδουλοι, utilisé pour lier un groupe de gens à un autre. Les δοῦλοι θεοῦ avaient été égorgés à cause de la parole de Dieu et du témoignage qu'ils avaient rendu (Ap 6. 9). Ils demandaient jusques à quand Dieu ferait justice et leur sang serait vengé sur les habitants de la terre (Ap 6. 10). Le verset 11 fournit la réponse qui leur avait été adressée, celle d'attendre un peu jusqu'à ce que d'autres de leurs σύνδουλοι fussent mis à mort comme eux. C'est une participation au même sort, renforcée par l'expression « comme eux ». Considérant ce passage sur les âmes sous l'autel, S. PATTERMORE a souligné que l'Église est considérée collectivement comme une « église martyr » sous le modèle de l'Agneau[104]. De même, traitant de la souffrance des δοῦλοι θεοῦ, J. MANGINA a soutenu que l'ApJ présente « une forme "d'ecclésiologie de communion" », « une communion dans la pau-

---

[103] David A. deSILVA, « The Revelation to John : A Case Study in Apocalyptic Propaganda and the Maintenance of Sectarian Identity », *Sociological Analysis* 53/4 (1992), p. 384.

[104] Stephen PATTEMORE, *The People of God in the Apocalypse : Discourse, Structure, and Exegesis* (coll. Society for New Testament Studies Monograph Series 128 ; Cambridge : Cambridge University Press, 2004), p. 80.

vreté et dans la souffrance au nom de Jésus »[105]. Apocalypse 6. 11 n'insiste pas que tous les chrétiens devront mourir comme martyrs à cause de la parole de Dieu. Cependant, il implique que n'importe quel δοῦλος θεοῦ pourrait subir le martyre au nom de Jésus. Tout chrétien en Asie devait comprendre que la communauté de foi était entraînée dans la bataille cosmique entre d'un côté Dieu et le Christ et de l'autre, Satan.

Pour exprimer cette réalité du même sort des souffrances des δοῦλοι θεοῦ dès le début de l'ApJ. Jean a utilisé l'expression ὁ συγκοινωνὸς ἐν τῇ θλίψει (Ap 1. 9). Le mot συγκοινωνός (« participant », « partenaire »[106]) est doublement chargé du sens de la communion. D'abord, il commence avec le préfixe σύν, que nous avons déjà mentionné. Ensuite, la racine est liée au terme κοινωνία, « communion », « participation », « partage »[107]. En Ap 1. 9, le terme θλῖψις, que nous soulignons ici, constitue une partie de la réalité que Jean partageait avec les autres δοῦλοι θεοῦ. Ils étaient tous participants à la tribulation, au royaume et à l'endurance en Jésus. Même si les souffrances n'étaient pas les mêmes, Jean, exilé à Patmos à cause de la parole de Dieu, les partageait avec ses destinataires. Tous s'associaient à la croix du Messie (Ap 1. 5-6)[108]. Dès le début de son livre (Ap 1. 9), Jean a fourni l'attitude qu'il attendait de ses σύνδουλοι, à savoir la persévérance dans la souffrance. Désormais, cette disposition intérieure devrait caractériser la communauté des δοῦλοι θεοῦ (Ap 2. 2, 3, 19 ; 3. 10 ; 13. 10 ; 14. 12).

La communauté des δοῦλοι θεοῦ décrite dans l'ApJ n'était pas seulement liée par la communion dans la souffrance, mais aussi dans l'expérience des bénédictions communes. Nous l'avons déjà signalé quand nous avons évoqué Ap 1. 9, avec le terme συγκοινωνός, qui est associé aussi au royaume.

---

[105] MANGINA, p. 67-68.

[106] DANKER, p. 952.

[107] Ibid., p. 552, 553.

[108] W. Gordon CAMPBELL, *L'Apocalypse de Jean.* Une lecture thématique (coll. Théologie Biblique ; Cléon d'Andran : Excelsis, 2007), p. 255.

B. Partage des bénédictions

Les δοῦλοι θεοῦ dans l'ApJ sont présentés comme participant aux mêmes bénédictions. En Ap 11. 18, les 24 anciens proclamaient dans leur hymne que le jugement serait le moment pour Dieu de récompenser les δοῦλοι θεοῦ. Comme nous l'avons mentionné ci-haut, ceux-ci sont décrits comme ceux qui craignent le nom de Dieu. La crainte de Dieu les unit à celui-ci et les dispose à recevoir la récompense (μισθός) divine. Le terme μισθός n'est employé positivement qu'ici dans l'ApJ[109], mais sa nature n'y est pas spécifiée. Elle est décrite de diverses manières dans les nombreuses promesses aux fidèles à plusieurs endroits du livre. Jean a souvent mis l'accent sur l'individu et sa récompense dans des expressions comme ὁ νικῶν, « le vainqueur » (Ap 2. 7, 11, 17, 26, 28 ; 3. 5, 12, 21 ; 21. 7) ; ὁ διψῶν, « celui qui a soif » (Ap 21. 6) et ἕκαστος, « chacun » (Ap 2. 23; 6. 11 ; 22. 12). Cependant, l'ApJ mentionne aussi des récompenses rendues à la communauté des fidèles à l'Agneau. Si quatre béatitudes se réfèrent au singulier μακάριος, « heureux » (Ap 1. 3[110] ; 16. 15 ; 20. 6, 27), trois se rapportent au pluriel μακάριοι (Ap 14. 13 ; 19. 9 ; 22. 14). En Ap 15. 2, se trouve l'unique forme au pluriel du livre οἱ νικῶντες pour désigner l'ensemble des vainqueurs de la bête. Les mentions du pronom singulier collectif « σύ », pour désigner une église considérée comme une entité à part et qui doit recevoir la récompense (Ap 2. 10 ; 3. 9, 10), renforcent le lien entre l'individu et la communauté. En Ap 11. 18, la récompense est décrite comme une bénédiction pour la communauté des δοῦλοι θεοῦ. Ceci indique que, quoique la récompense soit remise à chaque fidèle selon ses œuvres (Ap 22. 5), elle a lieu dans la communauté et sa jouissance se fait au sein de celle-ci. En évoquant la métaphore de la cité comme vie éternelle en Apocalypse 21, M. REDDISH a insisté sur l'aspect communautaire du salut en ces termes : « [L'expression] "le salut individuel" est presqu'un oxymore. Nous sommes sauvés

---

[109] En Ap 22. 12, le même terme μισθός comprend à la fois le sens négatif (pour le méchant) et le sens positif (pour le juste).

[110] L'adjectif μακάριος est au singulier, probablement à cause de sa proximité avec le premier sujet ὁ ἀναγινώσκων. Cependant, il s'applique aussi au sujet qui est au pluriel οἱ ἀκούοντες...καὶ τηροῦντες...

dans une communauté. Nous devenons une partie du peuple de Dieu maintenant et pour toujours. »[111] Aussi, les chrétiens sont-ils récompensés dans la communauté. En Ap 11. 18, l'aspect communautaire est également souligné par le mérisme « petits et grands ». Tous les statuts sociaux sont pris en compte. Tous les justes seront récompensés.

Les versets d'Ap 22. 3-4 indiquent que les δοῦλοι θεοῦ serviront Dieu, le verront et porteront son nom sur le visage dans le ciel nouveau et la terre nouvelle. Ce service est une bénédiction et souligne la dimension communautaire dans l'adoration.

VIII. Une communauté qui adore

Dans l'ApJ, les δοῦλοι θεοῦ forment une communauté qui adore Dieu et une communauté des prêtres. Ce statut est signalé dans trois mentions explicites, avec l'aoriste en Ap 1. 6 (ἐποίησεν) et 5. 10 (ἐποίησας) ainsi qu'avec le futur en 20. 6 (ἔσονται). En Ap 1. 6, Jean a confessé que Jésus-Christ a fait de « nous un royaume, des prêtres pour Dieu », accomplissant la promesse faite à Israël historique (Ex 19. 6). Ce « nous » inclusif englobe d'abord Jean et ses destinataires, mais aussi tous les autres chrétiens d'origine juive comme ceux d'origine païenne. Ce caractère inclusif est encore exprimé avec plus d'emphase en Ap 5. 9-10. Ces versets indiquent que Jean a entendu les quatre êtres vivants et les 24 anciens louer l'Agneau d'avoir fait des hommes et des femmes, de toute tribu, langue, peuple et nation, un royaume et des prêtres. Il en est de même d'Ap 20. 6. Le pluriel ἔσονται ἱερεῖς (« ils seront prêtres ») englobe tous les chrétiens. Le futur correspond au caractère eschatologique du millénaire (Ap 20. 1-6) et illustre la tension entre le « déjà » et « le pas encore » du royaume dans l'ApJ (cf. les aoristes en Ap 1. 6 et 5. 10). L'aspect futur que nous venons de relever démontre que Jean a établi un lien étroit entre les dimensions présente et eschatologique de la communauté des δοῦλοι θεοῦ. L'aspect futur vise à stimuler la vie présente de ces derniers. R. BAUCKHAM a affirmé que « l'eschatologie future de l'Apocalypse sert à garder

---

[111] REDDISH, *Revelation*, p. 414.

l'Église orientée vers le monde de Dieu et vers le futur que Dieu veut pour le monde. »[112]

En Ap 22. 3, le verbe λατρεύω, « servir », se réfère au service dans le temple, impliquant l'adoration et le service cultuel[113]. Le caractère inclusif de la communauté des prêtres dans l'ApJ est meilleur que celui d'autres contextes religieux. Selon l'Ancien et le Nouveau Testaments, le service sacerdotal était en principe héréditaire et assigné à quelques personnes appartenant à la famille d'Aaron[114] (cf. Ex 28. 1 ; 29. 9-10, 21 ; Lv 21. 1 ; Lc 1. 5). Dans le monde gréco-romain païen, les prêtres étaient héréditaires dans certains cas, ou choisis pour une année ou encore achetaient la fonction auprès de l'État et l'office durait normalement toute la vie[115]. Dans le contexte historique de l'ApJ, le cas des prêtres du culte impérial est à relever. Une certaine catégorie de gens était très impliquée dans ce genre de culte. C'étaient les *Augustales* (prêtres d'Auguste)[116]. Selon J. N. KRAYBILL, dans les provinces romaines, ces prêtres, esclaves libérés, étaient des riches[117]. Dans tous ces contextes religieux, les prêtres formaient une communauté, mais ils constituaient un groupe parmi les adorateurs. Cependant, le caractère communautaire des δοῦλοι θεοῦ qui doivent servir Dieu dans l'ApJ est plus inclusif que dans ces contextes de l'Ancien Testament et des religions du monde gréco-romain. La communauté des δοῦλοι θεοῦ de

---

[112] BAUCKHAM, *La théologie de l'Apocalypse*, p. 185.

[113] DANKER, p. 587 ; OSBORNE, p. 773.

[114] Dans l'histoire des Juifs, ce caractère héréditaire préconisé dans le Pentateuque n'était plus toujours respecté du temps des Hasmonéens et même des Romains, car le poste de grand-prêtre pouvait être acquis par la corruption ou pour des raisons politiques. Les dirigeants hellénistiques et romains déposaient et nommaient les grands-prêtres à leur guise ; cf. David INSTONE-BREWER, « Temple and Priesthood », in *The World of the New Testament : Cultural, Social, and Historical Contexts* (sous dir. Joel B. GREEN et Lee Martin McDONALD. Grand Rapids : Baker Academic, 2013), p. 201.

[115] Everett FERGUSON, *Backgrounds of Early Christianity* (2ème éd. ; Grand Rapids : Eerdmans, 1993), p. 173.

[116] Simon R. F. PRICE, *Rituals and Power : The Roman Imperial Cult in Asia Minor* (Cambridge : Cambridge University Press, 1984), p. 88.

[117] J. Nelson KRAYBILL, *Apocalypse and Allegiance : Worship, Politics, and Devotion in the Book of Revelation* (Grand Rapids : Brazos Press, 2010), p. 198.

l'ApJ inclut tous les sexes, toutes les races, toutes les nations, toutes les cultures et toutes les classes sociales (riches et pauvres, puissants et faibles), avec la foi en Jésus-Christ comme la seule condition. C. R. KOESTER a noté que dans un monde de compétition dans le domaine du culte dans l'ApJ, la communauté chrétienne entière reçoit « un rôle sacerdotal d'offrande de prière et de louange à Dieu »[118]. De même, considérant le culte rendu par les δοῦλοι θεοῦ autour du trône de Dieu et de l'Agneau dans la nouvelle Jérusalem, L. L. THOMPSON a souligné qu'il sert « à établir une communauté égalitaire parmi les chrétiens » et « une claire frontière entre les chrétiens et les non-chrétiens »[119].

Ce culte eschatologique est éternel. Il est déjà mentionné dans l'image des serviteurs de Dieu, les 144.00, marqués du sceau de Dieu (Ap 7. 3-4). Ceux-ci forment la multitude devant le trône de Dieu et qui lui rend un culte jour et nuit dans son temple (Ap 7. 9-15). Cette fonction de prêtres des δοῦλοι θεοῦ est l'accomplissement des textes qui les annoncent aussi comme rois.

IX. Une communauté qui règne

Les δοῦλοι θεοῦ sont une communauté qui règne. Apocalypse 22. 5 révèle que ceux qui régneront pour toujours sont les mêmes δοῦλοι θεοῦ mentionnés comme ceux qui rendront un culte à Dieu en Ap 22. 3. Dans l'ApJ, personne n'est prêtre seul ni ne règne seul. Ce règne futur et éternel, annoncé en Ap 20. 6, a déjà été mentionné avec le sacerdoce en Ap 1. 6 et 5. 10 comme une réalité présente. Le règne qui a été promis à titre individuel au vainqueur (Ap 2. 26-27 ; 3. 21) est une réalité pour toute la communauté. Les δοῦλοι θεοῦ régneront avec le Christ sur sa création[120].

Dans la vision inaugurale du livre (Ap 1. 9-20), le règne collectif des δοῦλοι θεοῦ est aussi désigné en même temps que deux

---

[118] KOESTER, p. 836.

[119] Leonard L. THOMPSON, *The Book of Revelation : Apocalypse and Empire* (Oxford : Oxford University Press, 1990), p. 70, 71.

[120] Eckhard SCHNABEL, *40 Questions about the End Times* (coll. 40 Questions Series. Grand Rapids : Kregel, 2011), p. 271 ; OSBORNE, p. 261.

autres thèmes : la souffrance et l'endurance. En Ap 1. 9, Jean a utilisé deux termes qui évoquent bien la dimension communautaire : ἀδελφός (« frère ») et συγκοινωνός (« participant »). Jean a affirmé avoir part au règne avec ses σύνδουλοι.

IX. Conclusion

Dans cet article, nous avons examiné les aspects communautaires de l'Église dans l'ApJ à partir de l'utilisation de l'expression δοῦλος θεοῦ. La dimension communautaire de l'Église dans l'ApJ couvre le domaine des relations entre les humains et entre ceux-ci et le domaine divin.

Jean était conscient de l'engagement personnel du chrétien envers le Maître et de sa réponse personnelle à l'appartenance à la communauté de foi en Christ. Personne ne pouvait devenir membre de cette communauté chrétienne comme les Israélites appartenaient à leur nation par la naissance. C'est ce qui explique la présence, dans l'ApJ, des expressions comme « chacun » et « celui qui ». Cependant, les aspects communautaires révèlent un lien entre l'individu et la communauté.

L'examen des textes contenant le titre δοῦλος θεοῦ nous a permis de relever huit points suivants au sujet de la dimension communautaire de l'Église dans l'ApJ. Premièrement, la communauté des δοῦλοι θεοῦ tire sa source dans sa communion avec Dieu et le Christ. Cette union est indiquée par les images du sceau de Dieu et du nom divin sur le front des δοῦλοι θεοῦ ainsi que par la crainte de Dieu qui les caractérise. Deuxièmement, la communauté des δοῦλοι θεοῦ constitue le cadre de la réception de la révélation divine. Troisièmement, cette communauté est au service des membres qui la composent et de l'humanité par son rôle prophétique. Quatrièmement, la communauté des δοῦλοι θεοῦ est multiraciale et multiculturelle. Cinquièmement, elle est une communauté égalitaire. Elle est constituée de membres de tous statuts sociaux et aucun d'eux ne mérite d'être adoré. Sixièmement, la communauté des δοῦλοι θεοῦ partage non seulement les souffrances, mais aussi les bénédictions. Septièmement la communauté des δοῦλοι θεοῦ est une communauté qui adore. Enfin, huitièmement, les δοῦλοι θεοῦ sont une communauté des rois. Celle-ci est présentée sur les deux plans : présent et futur, avec l'idée que l'eschatologie influence la vie présente des δοῦλοι θεοῦ.

X. Bibliographie

AUNE, David E. *Revelation*. Coll. Word Biblical Commentary 52A. Dallas : Word Books, 1997.

BALZ, Hortz et Gerhard SCHNEIDER, sous dir. *Exegetical Dictionary of the New Testament*. Trad. Virgil P. HOWARD, James W. THOMPSON, John W. MEDENDORP et Douglas W. STOTT. 3 vol. Grand Rapids : Eerdmans, 1990-1993.

BAUCKHAM, Richard. *The Climax of Prophecy : Studies on the Book of Revelation*. Edimbourg : T. and T. Clark, 1993.

_______. *La théologie de l'Apocalypse*. Trad. Alain-Marie de LASSUS. Coll. Théologies. Paris : Cerf, 2006.

BEALE, Gregory K. *The Book of Revelation : A Commentary on the Greek Text*. Coll. The New International Greek Testament Commentary. Grand Rapids : Eerdmans, 1999.

_______. *We Become What We Worship : A Biblical Theology of Idolatry*. Downers Grove : InterVarsity Press Academic, 2008.

BEASLEY-MURRAY, George R. *The Book of Revelation*. Coll. The New Century Bible Commentary. Éd. rév. Grand Rapids : Eerdmans, 1981.

BLASS, Frederich et A. DEBRUNNER. *A Greek Grammar of the New Testament and Other Early Christian Literature*. Éd. rév. Trad. Robert W. FUNK. Cambridge : Cambridge University Press, 1961.

CAMPBELL, W. Gordon. *L'Apocalypse de Jean*. Une lecture thématique. Coll. Théologie Biblique ; Cléon d'Andran : Excelsis, 2007.

_______. « Fidèles de l'Agneau, esclaves du monstre : Identités rivales dans l'Apocalypse de Jean », *Théologie évangélique* 3/1 (2004), p. 41-54.

CARTER, Warren. « Accommodating "Jezebel" and Withdrawing John : Negotiating Empire in Revelation Then and Now », *Interpretation* 63/1 (2009), p. 32-47.

DANA, Harvey E. et Julius R. MANTEY. *A Manual Grammar of the Greek New Testament*. New-York : The Macmillan Company, 1955.

DANDAMAYEV, Muhammad A. « Slavery : Ancient Near East–Old Testament », p. 58-65, *ADB*. Sous dir. David Noel FREEDMAN, Vol. 6. New-York : Doubleday, 1992.

DANKER, Frederick W. *Greek-English Lexicon of the New Testament and Other Early Literature*. 3ème éd. rév. Chicago : The University of Chicago Press, 2000.

deSILVA, David A. « The Revelation to John : A Case Study in Apocalyptic Propaganda and the Maintenance of Sectarian Identity », *Sociological Analysis* 53/4 (1992), p. 375-395.

FERGUSON, Everett. *Backgrounds of Early Christianity*. 2ème éd. Grand Rapids : Eerdmans, 1993.

GESENIUS, Wilhelm W. *Gesenius' Hebrew-Chaldee Lexicon to the Old Testament*. Trad. Samuel Prideaux TREGELLES. Grand Rapids : Baker Books, 1979.

HARLAND, Philip A. « Imperial Cults within Local Cultural Life : Associations in Roman Asia », *Ancient History Bulletin* 17 (2003), p. 85-107.

HARRINGTON, Wilfrid J. *Revelation*. Coll. Sacra Pagina Series 16. Collegeville : Liturgical Press, 1993.

HEMER, Colin J. *The Letters to Seven Churches of Asia in Their Local Setting*. Coll. Journal for the Study of the New Testament Supplement Series 11. Sheffield : Sheffield Academic Press, 1989.

INSTONE-BREWER, David. « Temple and Priesthood », p. 197-206, in *The World of the New Testament : Cultural, Social, and Historical Contexts*. Sous dir. Joel B. GREEN et Lee Martin McDONALD. Grand Rapids : Baker Academic, 2013.

KEENER, Craig S. *Revelation*. Coll. The NIV Application Commentary Series. Grand Rapids: Zondervan, 2000.

KOESTER, Craig R. *Revelation : A New Translation with Introduction and Commentary.* Coll. The Anchor Yale Bible 38A. New Haven : Yale University Press, 2014.

KÖSTENBERGER, Andreas J. *John.* Coll. Baker Exegetical Commentary on the New Testament. Grand Rapids : Baker Academic, 2004.

KRAYBILL, J. Nelson. *Apocalypse and Allegiance : Worship, Politics, and Devotion in the Book of Revelation.* Grand Rapids : Brazos Press, 2010.

MANGINA, Joseph L. *Revelation.* Coll. Brazos Theological Commentary on the Bible. Grand Rapids : Brazos, 2010.

MORRIS, Leon. *The Revelation of St. John : An Introduction and Commentary.* Coll. Tyndale New Testament Commentary ; éd. rév. ; Leicester : Inter-Varsity Press, 1987.

OECUMENIUS. *Commentary on the Apocalypse.* Coll. The Fathers of the Church 112. Trad. John N. SUGGIT. Washington : Catholic University of America Press, 2006.

OSBORNE, Grant R. *Revelation.* Coll. Baker Exegetical Commentary on the New Testament. Grand Rapids : Baker Academic, 2002.

PATTEMORE, Stephen. *The People of God in the Apocalypse : Discourse, Structure, and Exegesis.* Coll. Society for New Testament Studies Monograph Series 128. Cambridge: Cambridge University Press, 2004.

PRICE, Simon R. F. *Rituals and Power : The Roman Imperial Cult in Asia Minor.* Cambridge: Cambridge University Press, 1984.

PRIGENT, Pierre. *L'Apocalypse de Saint Jean.* 2ème éd. corrigée. Coll. Commentaire du Nouveau Testament XIV, deuxième série. Genève : Labor et Fides, 2000.

RAMSAY, William M. *The Letters to the Seven Churches of Asia and Their Place in the Plan of the Apocalypse* (1904). Consulté le 5 mars 2021. En ligne : https://www.ccel.org/ccel/r/ramsay/letters/cache/letters.pdf (1904)

REDDISH, Mitchell Glenn. « Followers of the Lamb : Role Models in the Book of Revelation », *Perspectives in Religious Studies* 40/1 (2013), p. 65-79.

________. *Revelation*. Coll. Smyth and Helwys Bible Commentary. Macon : Smyth and Helwys, 2001.

SCHNABEL, Eckhard. *40 Questions about the End Times*. Coll. 40 Questions Series. Grand Rapids : Kregel, 2011.

SCHREINER, Thomas R. *New Testament Theology : Magnifying God in Christ*. Grand Rapids : Baker Academic Press, 2008.

STUCKENBRUCK, Loren T. *Angel Veneration and Christology : A Study in Early Judaism and in the Christology of the Apocalypse of John*. Coll. Wissenschaftliche Untersuchungen zum Neuen Testament 2/70. Tübingen : J. C. B. Mohr, 1995.

THOMPSON, Leonard L. *The Book of Revelation : Apocalypse and Empire*. Oxford : Oxford University Press, 1990.

WRIGHT, N. T. « Towards a Biblical View of Universalism », *Themelios* 4/2 (1978), p. 54-58.

YAMAUCHI, Edwin. « Slaves of God », *Bulletin of the Evangelical Theological Society* 9/1 (1966), p. 31-49.

YEATTS, John R. *Revelation*. Coll. Believers Church Bible Commentary; Scottdale : Herald Press, 2003.

TABLE DES MATIERES

More
Books!

Printed by Books on Demand GmbH, Norderstedt / Germany